Remembrance

기억

나와예수 04

어린시절 삶의 조각들이 큰 산을 이룬
박인환 목사의 신앙 이야기

기억

박인환 지음

신앙과지성사

Remembrance
프롤로그

"내가 너를 내 손바닥에 새겼고…."
(이사야 49:16)

목사가 된 이후로 왜 목사가 되었느냐는 질문을 많이 받았다. 그런 질문은 아마 목사라는 직이 특별한 것이고 목사로 살아가는 것이 평범하지 않을 것이라는 생각에서 나오는 질문일 것이다. 그런 질문을 받을 때마다 속 시원한 대답을 해보지 못한 것 같다. 목사가 된 사람마다 목사의 길을 걷게 된 사연이 있다. 대를 이어 목사가 된 사람도 있고 획기적인 신앙체험이 계기가 되어 목사가 된 사람도 있다. 그런데 나는 어떤 특별한 신앙체험 같은 것 때문에 목사가 된 것도 아니고, 대를 이어 목사가 된 것도 아니다. 그러나 그냥 아무렇게나 목사가 된 것은 분명히 아니다. 목사직 은퇴가 10년도 채 남지 않은 요즈음 부쩍 "과연 나는 왜 목사가 되었는가? 그리고 목사로서 잘살고 있는가"라는 질문을 하고 있다. 그 질문에 대한 답을 찾기 위해서는 지금까지 살아온 삶의 여정에서 내가 그리스도로 믿는 예수와의 관계가 어떠했는가를 되돌아보면 되겠다는 생각을 한다.

다른 재주는 별로 없어도 옛날 일을 잘 기억한다. 특히 사람에 대한 기억은 나 스스로 생각해도 특출한 것 같다. 옛이야기들을 기억하다 보니 그동안 잊고 지낸 나 자신이 보이는 듯했다. 그리고 지나온 시간과 사건들을 되돌아보니 옛날에는 그저 평범한 일이라고 생각하던 일들이 모두 특별한 것이었다. 그리고 내가 걸어온 굽이굽이마다 주님의 은혜와 섭리가 함께 하셨음을 가슴 깊이 느끼게 되었다.

순간순간 경험했던 고통과 고난마저도 오늘의 나를 있게 한 자양분이었으며 그것은 곧 하나님의 은혜였다는 사실이 마음에 깊이 와 닿았다.

이야기는 누군가 전해주지 않으면 없어져 버린다. 이야기로 전해지지 않는 사람은 그저 존재하지 않았던 사람처럼 되어 버린다. 그런데 이야기를 가장 잘 전달하는 방법은 기록이다. 잘난 것 없는 나를 드러내기 위하여 기록하는 것은 아니다. 평범하게 살아왔지만, 이 세상에 단 하나밖에 없는 나의 이야기이기에 나의 기록을 읽는 사람들은 자기가 경험하지 못했던 것, 자기가 생각하지 않았던 것을 발견하고 재미있어할 수도 있고, 나의 별로 안 좋은 기억 이야기 같은 것으로 반면교사 삼을 수도 있을 것이다.

지금부터 기록하는 이야기는 나의 이야기이면서 동시에 내 가족 이야기이기도 하고, 이웃들의 이야기이며 지금까지 내가 만나고 체험한 하나님 이야기이기도 하다. 사람마다 하나님을 만난 이야기가 다를 것이다. 부족하고 허물 많은 나이지만 나의 작은 이야기들을 읽는 독자들이 하나님과의 관계에서 작은 힌트라도 얻을 수 있다면 그것으로 감사한 일이다. 그리고 이야기 속에 등장하는 이들에게 혹시라도 불편함을 주게 되지 않기를 바란다. 지난 해 몇 달 동안 페이스북에 기록한 나의 기억이야기를 읽고 "책을 내자"며 연락해 오신 '신앙과지성사'의 최병천 장로님의 제안으로 감히 책을 낼 엄두를 내었다. 평범한 목사의 이야기를 그냥 지나치지 않으신 최 장로님께 감사드린다.

2020년 2월
꽃우물마을에서
박인환

차례
Remembrance

프롤로그 / 5

01 고향
내 고향 상동 / 14

02 뿌리
1. 가장 오래된 기억-기차간에서 / 22
2. 어머니 / 24
3. 조밥 한 그릇 / 29
4. 얼마나 좋은 말씀이네 / 32
5. 옛말하며 살자꾸나 / 35
6. 신세갚아야 한다 / 37
7. 아버지 / 40
8. 할머니 / 46
9. 범도 잡을 용감한 형제들 / 49

03 결핍, 오히려 하나님의 은총
1. 내 소원은 구두닦이 / 56

2. 산수책-복수 / 59

3. 생일 / 62

4. 수제비와 콩죽의 기억 / 64

5. 강냉이떡과 교장선생님 / 67

6. 등잔불 / 70

7. 오히려 허름한 집이라 생명을 보존하였다 / 73

8. 나무를 하면서 / 75

9. 이자 / 79

10. 그래도 개구멍이 있어서… / 82

11. 장학금 / 84

04 땅의 사람들(암하아렛츠)

1. 옥수형 / 90

2. 내가 처음 본 빨갱이 / 93

3. 지게와 리어카 / 97

4. 아픔으로 기억되는 친구 상묵이 / 101

5. 친구의 합격증 / 104

6. 이런 직업도 있었다-고비꾼 / 106

7. 이런 직업도 있었다-도굴꾼 / 109

8. 내가 그녀의 로비에 넘어가지만 않았어도(귀옥이 누나) / 112

9. 주님, 도와주세요. 아멘 / 115

05 하나님을 닮은 사람들
1. 남정초등학교 6학년 여학생 / 120

2. 사과 한 알 / 122

3. 나는 뭇국이 좋다(뭇국 한 냄비) / 125

4. 관심 / 127

5. 선생님의 칭찬 / 130

06 내 마음에 새겨진 십자가
1. 정리해고 / 134

2. 차별받는다는 생각 / 136

3. 떡국 / 138

4. 가난한 사람 손들어 / 141

5. 딱지치기를 거부하다 / 144

6. 이상행동 / 146

7. 이름도 모르는 아이야 미안하다 / 149

8. 알메다전도사 / 152

9. 모범상(주일학교 졸업예배) / 157

07 새 세상을 만나다

1. 1975년 / 162
2. 빚진 마음 / 167
3. 군대에 가서 헛된 꿈에서 깨어나다 / 169
4. 열 배로 갚을께요 / 174
5. 6.10 항쟁 때 어디 있었나? / 177
6. 화정교회 / 179
7. 세월호 / 185
8. 공감과 환대 / 194

에필로그 / 202

갈 곳 없는 사람들을
품어주고 살게 해 준
거룩한 땅

01

고향

"그들이 이제는 더 나은 본향을 사모하니
곧 하늘에 있는 것이라
이러므로 하나님이 그들의 하나님이라 일컬음 받으심을
부끄러워하지 아니하시고
그들을 위하여 한 성을 예비하셨느니라."

(히브리서 11:15~16)

내 고향 상동

한 사람을 이해하는 데는 그 사람이 누구의 자녀로 어디서 태어나 자랐느냐를 아는 것이 도움이 된다. 내가 태어나고 자란 곳은 강원도 영월군 상동이다. 본디 우리 집안은 평안도가 삶의 터전이었다. 할아버지는 자수성가한 사업가로 평안북도 태천군에서 둘째가라면 서러워할 정도로 부자였다고 한다. 그러나 해방 후 북한에서 김일성이 정권을 잡고 할아버지가 숙청자 명단(지주, 3차 숙청)에 오르게 되면서 더 이상 고향에 살 수 없게 되어 고향을 등지게 되었다.

할아버지는 세상의 흐름을 알아채는 혜안이 있었던 것 같다. 해방되던 해부터 식구들을 한 사람씩 한 사람씩 월남하게 하시고 당신은 맨 나중에 월남하셨다. 앞날을 미리 내다보고 사 모은 금덩어리들을 식구들이 나누어서 지니고 월남하였는데, 그 금덩어리들의 가치만도 어마어마하였다고 한다. 그러나 북에 두고 온 재산에 비하면 아무것도 아니었다고 한다. 둘째 고모님 말씀에 의하면, 우리 식구들이 가지고 온 금은 모두 종각 옆에 있던 금은방에다 팔았는데 그 금은방은 아마 우리 식구들에게서 산 금 때문에 돈을 많이 벌었을 것이라 한다. 한국전쟁이 끝날 때까지 경상도 풍기에 살면서 인조견공장을 차리기도 하였지만, 이미 고향이라는 터전을 잃어버린 우리 집 어른들은 타향살이 몇 년 만에 북에서 가지고 온 재산을 풍기의 거센 바람에 다 날려버리고 만다.

전쟁이 끝난 후, 집안 식구들은 살길을 찾아 흩어졌다. 조부모님과 고모와 삼촌들은 서울로, 우리 아버지는 고향 친구의 배려로 상동광업소에 취직하여 상동으로 이주하게 되었다. 큰형은 한국전쟁 중에 풍기에서 태어났고 나머지 네 형제는 모두 상동에서 태어났다. 나는 다섯 형제 중 셋째다. 내가 태어나고 자란 곳은 강원도 상동이지만, 부모님의 고향이 평안도여서 그런지 나도 모르게 나의 속에는 평안도 기질이 있다. 상동에서 태어나고 자랐지만 내 마음속에는 부모님의 고향에 대한 어떤 그리움 같은 것이 있었던 것 같다. 그리고 또래의 누구보다도 남북통일의 꿈을 많이 꾸며 자랐다.

상동은 영월에서 비포장도로로 40km. 버스로 한 시간이 넘는 거리의 골짜기였다. 상동 읍내가 시작되는 상동중고등학교에서부터 상동의 끝인 대한중석상동광업소가 있는 곳까지 2km의 골짜기 한가운데 상동천이 흐르고, 좌우로는 고무락골, 치랭이골, 절골, 텃골, 여네골… 수많은 골짜기가 가지처럼 뻗어있었다. 상동에는 개천을 따라 만들어진 길이 하나만 있었다. 대한중석 상동광업소까지 가면 그 길은 끝났다. 더 이상 바퀴 달린 것이 움직일 수 있는 길이 없었다. 상동 골짜기의 양옆으로 난 여러 갈래의 골짜기들에는 화전민들이 다니는 오솔길만이 하나씩 있었다.

앞뒤 좌우 산으로 꽉 막힌 골짜기, 그리고 찻길이라고는 하나밖에 없는 동네에서 자라서인지 내 성격은 복잡하지 않고 단순하다. 남들이 보기에는 답답할 수 있는 성격이다. 상동은 사방 높은 산으로 가로막혀있던 골짜기, 하루라도 빨리 벗어나고픈 곳이기도 하였다.

2018년 9월, 신학교 4년 후배인 김완중 목사(수지 목양교회 담임)가 전화를 했다. "형님, 저 영월지방 연합부흥회 강사로 와 있습니다. 와 보니 형님 고향 상동이 영월군이긴 하지만 영월에서 꽤 머네요. 형님 고향이라 한번 가보고 싶었는데 너무 멀어서…." 김 목사의 말에 농담으로 "그래도 내가 태어나고 자란 성지인데 한 번 가 봐야지" 했더니 김 목사가 "크하하하, 아 그래요? 성지라니까 멀어도 한번 가봐야겠네요" 하였다. 그날 오후 비가 추적추적 내리는 길을 뚫고 상동까지 먼 길을 다녀온 모양이다. 다음 날 아침 영월지방의 김정권 목사님이 전화를 하셨다. "박목사, 어젯밤에 상동이 드디어 성지로 공인됐어. 김완중 목사가 저녁 집회 설교 때 '오늘 성지에 갔다 왔다'고 말했거든. 이제부터 상동은 적어도 영월에 있는 교인들에게는 성지야" 하시면서 웃으셨다. 그 후 친구들이나 후배들과 이야기하다가 상동 얘기만 나오면 "상동은 성지야. 내가 태어나고 자란 곳이거든" 하면서 농담을 하곤 하였다. 누군가가 태백산에 간다고 하기라도 하면 "태백산 가기 전에 상동을 지나는 데 그곳은 거룩한 곳이니 묵념을 하면서 지나가시오." 한다. 그게 무슨 소리냐고 묻는 사람에게는 꼭 "음, 내가 태어나고 자란 곳이니 성지지." 하고 농담을 하곤 하였다. 농담으로 말하는 '성지'이지만 내 마음속으로는 이미 오래전부터 그 동네가 '성지'다. 위대한 사람을 배출해서 성지가 아니라 갈 곳 없는 사람들을 품어주고 살게 해 준 거룩한 땅이라서 성지다.

상동에는 팔도 각처에서 모여든 다양한 사람들이 살았다. 광산촌은 삶의 터전을 잃어버린 사람, 갈 곳 없는 사람들이 살기 위해 모여드는 막장 같은 곳이었다. 광산에 취직하여 사는 사람들도 있었지만 그렇지 못한 사람이 더 많았다. 어떤 사람은 장사를 하고, 어떤 사람은 고물을 주워서 살고, 어떤 사람은 지게꾼으로, 어떤 사람은 고비꾼(뒤에 나온다)으로, 심지어 광산의 옆구리를 파서 광석을 훔쳐서 파는 도굴꾼들도 있었다. 상동광업소에서 주는 월급으로 사는 사람들보다는 광산에서 떨어지는 부스러기를 가지고 사는 사람들이 더 많았다.

상동에는 논이 없다. 비탈진 산으로 되어 있는 곳에 논이 들어설 자리가 없기 때문이다. 밭이라는 것이 있긴 하지만 모두 가파른 산을 개간한 조그마한 밭들뿐이었다. 농촌 지역에서는 들판에 널린 갖가지 나물들을 먹으며 연명할 수 있고, 어촌에서는 미역이라도 건져 먹고 조개라도 잡아서 먹을 수 있지만, 상동은 그렇지 못하였다. 산에는 산나물도 있고 머루 다래도 있었다. 그러나 2만 명 넘는 사람들이 북적이며 사는 좁은 골짜기여서 생존경쟁이 치열하였다. 산나물을 먹으려면 깊은 산중까지 가야 했다. 건강하지 못한 사람은 산나물 채취 같은 것은 엄두도 낼 수 없었다. 그러나 상동 골짜기는 그 수많은 사람을 생존하게 해 주었다. 산나물을 캐어 먹건, 광업소에서 떨어지는 부스러기를 먹건, 상동 골짜기에 들어온 사람은 어쨌든 다 생존하였다. 한 사람도 굶어 죽었다는 소리를 듣지 못하였다.

1979년 2월, 아버지가 갑자기 돌아가셨는데 묻어드릴 땅이 없었다. 뒷산(순경산) 자락의 어느 밭 주인에게 밭을 조금 팔라고 하였더니 한마디로 거절하였다. 그때 우리가 38 따라지(월남가족)인 것을 절실히 느꼈다. 고향을 떠나 산다는 것이 얼마나 불안하고 미래가 불확실한 것인가를 마음에 새겼다. 할 수 없이 아버지 시신은 뒷산 비탈진 곳에 임시로 모셨다가, 내가 화정교회 담임목사로 부임한 다음 해인 1990년에 작은형, 화정교회의 장로님, 권사님들과 함께 가서 일산공원묘원에 안장해 드렸다.

상동은, 한편으로는 아버지의 시신을 묻을 땅을 구하지 못해 애태우던 곳, 생각할수록 섭섭하고 아픈 기억을 떠오르게 하는 곳, 배고픈 기억의 장소다. 그러나 또 다른 한 편으로는 우리 가족을 포함하여 생존을 위해 찾아온 수많은 사람을 품어주고 살게 해 준 고마운 기억의 장소다. 내 고향 상동은 내게는 그런 곳이었다.

우리 나중에
옛말하며
살자꾸나

02

뿌리

"너희를 떠낸 반석과
너희를 파낸 우묵한 구덩이를 생각하여 보라."

(이사야 51:1)

가장 오래된 기억
- 기차간에서

　　내가 기억하는 것 중 가장 오래된 것은 넷째 고모부와 함께 기차를 타고 서울로 가던 기억이다. 우리 나이로 네 살 되던 해 가정에 어려운 일이 생겨 서울에서 잠깐 살았었다. 서울에 사시는 넷째 고모부는 원효로에서 콩나물공장을 하시던 조부모님에게 우리 어머니와 형제들을 데려다주시기 위해 서울에서 강원도 상동까지 내려와 동행하신 길이었다. 무슨 노래인지는 기억나지 않지만 고모부 무릎 위에 앉아서 노래를 불렀는데, 고모부가 노래 잘한다며 계속 부르게 하셨다. 주변의 승객들도 잘한다며 추임새를 넣어주니 나는 신이 나서 여러 번 기차간이 떠나가도록 노래를 불렀다.
　　지난해 미국의 작은 형 댁에서 며칠 묵으며 옛날이야기를 하던 중 작은형이 미처 내가 기억하지 못하는 것을 알려주었다. 그

날 내가 기차간에서 부른 노래가 '송알송알 싸리잎에 은구슬'이었다는 것이다 "송알송알 싸리잎에 은구슬 조롱조롱 거미줄에 옥구슬 대롱대롱 풀잎마다 총총 방긋 웃는 꽃잎마다 송송송" 그리고 계속 '눈 내리는 길'이라는 동시를 암송했다고 하였다. "눈 내리는 언덕길은 미끄러운 길 할아버지 무서워서 못 다니는 길" 형은 그때의 상황을 자세히 기억하고 있는 것 같았다. 나보다 세 살 많은 일곱 살때였으니까 나보다는 좀 더 정확히 기억하고 있는 것 같았다. 그래도 그렇지 7살밖에 안 되었던 형이 동생이 노래하고 외웠던 노래와 동시를 기억하고 있다는 것이 놀라웠다. 기억력 좋은 것은 우리 집안의 내력인 듯하다. 형의 얘기를 들으면서 어릴 때 불렀던 그 노래와 동시가 생각났다. 하지만 내가 초등학교 다닐 때 부르고 암송한 노래와 동시인 줄로 알았는데, 네 살 때 이미 그 노래를 부르고 동시를 외웠다고 하니 나도 놀랍다.

    초등학교 때부터 이른이 될 때끼지 사람들 앞에 나서서 말을 한다거나 노래를 부른다거나 하는 일은 해 보지 못하였다. 집안 내력이 본디 과묵한 영향도 있었겠지만 학교를 다니면서부터 가지기 시작했던 열등의식도 많이 작용하지 않았나 싶다. 지금은 목사로 어쩔 수 없이(?) 사람들 앞에서 말을 많이 하는 사람이 되어 있다. 나의 초등학교 시절을 돌이켜보면 그리 똑똑치 못한 아이였다. 그러나 아주 어린 시절에는 꽤나 활발하고 똘망똘망했던 것 같다.

어머니

　아버지의 갑작스러운 실직 때문에 우리 식구들이 1년 동안 서울(원효로)에서 살았던 적이 있다. 그때가 내 나이 네 살 때인 1960년이다. 식구들은 큰고모네 집 문간방 하나를 빌려 거주하게 되었고, 어머니는 할아버지의 콩나물공장에서 생산한 콩나물을 용문시장에 내다 파는 일을 하셨다. 용문시장은 꼭 한번 가보고 싶은 곳인데 서울에 수년간 살면서도 가 보지 못하였다. 할아버지 콩나물공장에서 나온 콩나물을 어머니는 큰 함지(양철로 만든 큰 그릇)에 담아 머리에 이고 용문시장에 가곤 하셨다. 가끔 어머니를 따라갔는데, 용문시장에는 어머니 말고도 콩나물을 파는 아주머니들이 많이 있었다. 그 아주머니들은 지나가는 사람들에게 자기 콩나물이 좋으니 사라면서 경쟁적으로 호객행위를 하였다. 그러나 우리 어머니는 항상 콩나물 그릇을 앞에 두고 가만히 앉아만 있었다. 다른 아주머니들은 콩나물을 잘 파는데 우리 어머니는 잘 팔지 못하는 것이 안타까웠다. 김 진사 댁 맏딸로 얌

전하고 곱게 자라신 어머니에게 시장 난전에서 "내 콩나물 사시오"라고 외치는 일은 너무 힘든 일이었던 것 같다.

어머니에 대한 초기 기억들은, 내가 네 살 때 '용문시장에서 콩나물 그릇을 앞에 놓고 가만히 앉아 있던 모습', 그리고 다시 상동으로 돌아간 다섯 살 때 '양식이 없어 물만 넣은 솥에 불을 지피며 우시던 모습' 등 고생하는 모습이었다. 반면에 아버지에 대한 초기 기억들은, 집 안에 먹을 것이 없어도 일하지 않고 친구들과 어울리는 모습이었다. 어린 마음에도 아버지가 원망스러웠다. 그리고 어머니가 너무 불쌍하였다. 어머니 집안은 그 지역에서 좋은 가풍으로 소문난 김 진사 댁이었다고 한다.

우리 집이 월남하게 되었을 때 어머니는 친정집에 가서 "나는 어떡하면 좋겠냐"라고 여쭈었단다. 당시 21세의 어린 나이였으니 친정 식구들과 생이별을 한다는 것이 얼마나 원통하고 슬펐을까? 친정아버지께서 "출가외인이라 했는데, 너는 박씨 집안 식구이니 시집 따라 월남하여라"고 하셨다고 한다. 그래서 눈물 흘리며 친정 식구들과 이별하고 남편 따라 나온 것인데, 남쪽에 와서 6.25전쟁을 겪으시면서 별의별 고생을 다하셨고, 설상가상으로 첫아들과 딸을 잃는 슬픔도 겪으셨다.

휴전 후 아버지가 몇 년간 상동광업소에서 일하신 후에는 계속 직업이 없이 놀고 계셨으니 식구들을 먹여 살려야 하는 어머니의 고생은 이만저만이 아니었다.

어느 날 나는 울면서 어머니에게 이렇게 말하였다. "엄마, 차라리 외가로 가지 그랬어. 그때 나오지 않았으면 외가에서 잘 살았을 거 아니야" 몇 학년 때인지는 기억하지 못하지만, 그때 내가 어머니에게 한 말은 진심을 담아 한 말이었다.

어렸을 때부터 어머니는 "내가 죽기 전에 동생 용숙이를 한 번 볼 수만 있다면 한이 없겠다."라는 말씀을 하셨다. 위로 소학교 교사를 하시던 오빠가 계셨는데, 나중에 월남한 사람들의 전언에 의하면 우리 집 어른들이 월남한 후 얼마 지나지 않아 인민재판을 받고 돌아가셨다고 한다. 아래로 여동생 둘이 있는데 어머니가 입버릇처럼 보고 싶다던 "용숙이"는 어머니의 막내 여동생이다. 나는 어머니가 "용숙이가 보고 싶다."는 말씀을 하실 때마다 내가 이다음에 훌륭한 사람이 되어 어머니와 용숙이 이모를 만나게 해드려야겠다는 결심을 하곤 하였다.

미국 시민권자인 사촌 형이 미국 시민권자들을 모아서 평양 여행을 다녀오는 일을 하던 적이 있었다. 오래전 미국에서 만나 혹시 평양에 가면 우리 어머니 형제를 찾아볼 수 있느냐고 물었더니 한번 힘써 보겠다고 하였다. 그리고 몇 달 후 평양에 다녀온 사촌 형이 용숙이 이모가 평양 만경대구역에 살고 있다는 소식을 전하여 주었다. 뛸 듯이 기뻐하며 어머니에게 가서 말씀을 드렸다. 어머니가 찾던 용숙이 이모가 평양 만경대구역에 살고 있으며 만경대구역은 북한에서 성분이 좋은 사람만 살 수 있는 곳이라고 말씀드렸더니 어머니 반응이 의외였다. "그럼 갸가 빨갱이가 됐단 말이네" 기뻐하실 줄 알았던 어머니가 성분 좋은 사람들이 사는 곳이 만경대구역이라고 하는 말을 듣고도 실망하시는 듯한 표정이었다.

남북 이산가족상봉이 있을 때마다 혹시라도 우리 어머니가 컴퓨터 추첨으로 선택되면 좋겠다고 생각하곤 하였다. 2010년 추석 무렵이었다. 어머니의 북쪽 형제의 생사도 확인되었기에 이번에는 혹시나 하고 기다렸는데 소식이 없었다. 추석날 아침 어머니에게 갔더니 적십자사에서 전보가 하나 왔다고 하였다. 어디 있느냐고 하니 장롱 속에서 꺼내오셨다. 내용은 "이번 추석 남북이산가족상봉자로 선택되셨으니 ○월 ○일까지 아래의 전화번호로 전화해 주시기 바랍니다."였다. 이미 시한이 지나있었다. 전화하셨냐고 하니 하지 않았다고 하셨다. 왜 하지 않으셨냐고 하니 깜빡 잊있다고 하셨다. 내 판단에는 깜빡 잊으신 것이 아니라 만남을 포기하신 것이었다. 아쉬운 마음에 부리나케 적십자사에 전화하였더니 "응답이 없어 다음 대기자에게 기회가 넘어갔다"고 하였다.

그때만큼 슬프고 화나는 일이 또 있었을까? 어머니는 교회에서 같이 어울리는 노년층으로부터 이산가족 만나고 오면 돈이 많이 들어간다느니, 계속 돈을 달라고 연락 온다느니, 자식들에게 좋지 않은 영향이 있다느니 하는 근거 없는 얘기를 많이 들으셨던 것 같다. 그러나 그것보다는 아들들을 생각하신다고 그런 결심을 하신 것 같다. 그때가 큰형님이 경제적으로 큰 실패를 하고 주저앉았던 때였다. "큰아들은 저러고 있고 경제적으로 넉넉한 아들이 없는데, 내가 자식들에게 누가 되어서야 되겠느냐"는 생각이셨던 것 같다.

나는 결국, 이 다음에 훌륭한 사람이 되어서 어머니와 용숙이 이모를 만나게 해드려야겠다는 어릴 적부터의 다짐을 실천하지 못하였다. 지금까지 살아오면서 간절히 바라던 것, 하나님께 기도하던 것이 거의 다 이루어졌는데 그것만큼은… 참 아쉽고 슬프다.

조밥 한 그릇

　어느 날 한 할아버지가 우리 집에 와서 밥 한 술 달라고 하였다. 어머니는 "우리도 먹을 게 없시요. 할아버지 잠깐 기다리시라요." 하시더니 마당에 가마니를 깔고 그 위에 상을 놓으셨다. "우리 집에 이것 밖에 없으니 맛스러워도(평안도 말로 '맛스럽다'는 것은 '변변치 못하다'는 뜻) 드시라요."라시며 사기그릇에 고봉으로 담긴 좁쌀 밥을 대접하셨다. 상 위에 고추장이 있었던 것은 확실히 기억나고 그 옆에 김치가 있었는지는 가물가물하다.
　삯바느질하시느라 옷감을 펼쳐 놓은 단칸방에 다른 사람을 들일 수 없어 마당에 가마니를 펴신 것이었다. 한 끼 먹으면 또 언제 먹을지도 모르는 우리 집 살림에 그 할아버지에게 대접한 조밥 한 그릇은 어쩌면 우리가 저녁에 먹을 양식이었는지도 모른다. 반찬도 제대로 없는 조밥을 맛있게 드시는 할아버지를 보니 어린 마음에도 흡족하였다. 순식간에 조밥 한 그릇을 비우신 할아버지는 어머니에게 몇 번이고 "새댁, 잘 먹었습니다. 고맙습니다."라며 인사를 하고는 떠나갔다.

    30여 년 전, 필동교회 부목사로 있을 때다. 구걸하기 위해 교회에 오는 사람들이 하루에도 수십 명이었다. 교회는 그들에게 200원씩 주었다. 매일 출근 도장 찍듯이 오는 사람들도 있었다. 가끔은 말쑥하게 빼어 입은 사람이 와서 이런저런 사정 얘기를 하면서 어디까지 가야 하는 데 차비를 오천 원만 꿔 달라는 식으로 사기를 치기도 하였다. 매일 수십 명씩 찾아오기도 하거니와 가끔 사기 치는 사람들, 심지어는 구걸하러 온 척하고 도둑질을 하는 사람들까지 있으니 교회에 찾아오는 사람들이 달갑지 않을 때도 있었다. 그리고 남루한 차림의 사람이 오면 '200원을 줄 대상'으로만 보였다.

    200원을 받기 위해 오는 사람들은 보통 한낮에 오곤 하였다. 그런데 어느 날 아침 일찍 한 사람이 찾아왔다. 나이는 40세가 조금 넘은 것으로 보였고 남루한 옷에 팔다리가 앙상하고 얼굴에는 핏기가 없었다. 사무원이 200원을 주자 고맙다며 인사를 하고 나갔다. 순간 그 사람을 그냥 보내면 안 될 것 같은 생각이 들었다. 사무원에게 빨리 나가서 방금 돈 받아 간 사람을 모시고 분식집('한국의 집' 앞에 있는 교회에서 가장 가까운 식당)에 가서 음식을 시켜주라고 하였다. 그리고 집에 올라가서 돈을 가지고 분식집으로 갔다. 그 사람이 울면서 밥을 먹고 있었다. 사흘 만에 처음 먹는 밥이라고 하였다. 식사를 마친 후 3,000원을(그때 내가 받는 월급이 20만 원이었다) 쥐어주는 나에게 연신 "목사님, 밥 먹여주신 것만 해도 감사해서 어쩔 줄 모르겠는데 돈까지 주시니…제가 어떻게든지 힘을 내보겠습니다" 하면서 펑펑 우는 것이었다. 그 순간 우리 어머니에게 조밥 한 그릇을 대접받고 연신 "새댁, 고맙습니다…" 하고 인사하던 할아버지가 떠올랐다.

밥 한 끼 준다고 해서 구걸하는 사람의 문제가 해결되지는 않는다. 그러나 꼭 필요할 때의 밥 한 그릇은 그 사람에게 생명과 같다고 생각한다. 내가 지나가는 걸인에게 따뜻한 밥 한 그릇이라도 대접할 수 있었던 것은 그 옛날 어머니가 당신이 어려운 가운데서도 지나가는 걸인에게 보여주신 친절을 보았기 때문이 아닐까?

얼마나
좋은 말씀이네

중학교에 다닐 무렵부터 매 주일 아침에 가정 예배를 드렸다. 교회에 나가지 않으시던 아버지도 이 시간에는 꼭 함께하셨다. 가정 예배는 어머니가 인도하셨다. 다 같이 찬송을 한 장 부른 후에 찬송가 뒤에 있는 성시 교독문을 하나 택하여 읽었다. 교독문을 읽은 후에 어머니는 "햐, 얼마나 좋은 말씀이네" 하셨다. 말하자면 "얼마나 좋은 말씀이네"는 어머니의 설교였던 셈이다. 예배 때마다 교독문을 읽었는데 어떤 교독문을 읽든지 어머니의 설교 말씀은 항상 "햐, 얼마나 좋은 말씀이네"였다.

"햐, 얼마나 좋은 말씀이네."라는 설교가 끝난 다음에는 어머니의 기도가 이어졌다. 기도의 내용은 항상 "선물로 주신 우리 아들 5형제, 항상 건강하고 믿음 생활 잘하여 남에게 본이 되는 사람들 되게 해 주옵소서" 하는 내용이었다. 항상 애절하게 눈물 흘리며 기도하시는 어머니에게 우리는 기도를 좀 짧게 해 달라며 투정 부렸다. 때론 가정 예배드리기 싫다며 오늘은 건너뛰면 안 되냐면서 불평하기도 하였다. 그러나 그 불평은 한 번도 받아들여지지 않았다. 평소 아들들에게 무슨 강요 같은 것은 하시지 않는 어머니였지만 주일 아침 가정 예배만큼은 한 번도 양보하지 않으셨다.

어머니는 학교 교육을 받지 못하셨다. 가부장적인 사고를 가지셨던 어머니의 할아버지가 여자는 많이 배우면 안 된다면서 학교에 보내지 못하게 하셨다고 한다. 어머니의 오빠와 여동생들은 모두 고등교육을 받았지만, 어머니는 소학교 문턱도 밟지 못하셨다. 오빠에게서 가갸거겨를 배우고 시집와서 시어머니와 함께 교회를 다니면서 찬송을 부르고 성경을 읽으면서 한글을 완전히 깨치셨다.

겨우 한글을 읽을 정도였던 어머니가 좋은 성경 구절을 찾는 일이 쉽지 않았을 것이다. 그래서 찬송가 뒤의 성시 교독문을 하나씩 읽으셨던 것 같다. 그때는 어린 마음에 매주 예배드리는 것이 지겨울 때가 많았고, 어머니의 기도 내용이 똑같은 것이 지루하기도 하였다. 그러나 지금 돌이켜보니 그 가정 예배가 오늘의 나를 있게 하였다는 생각이 든다. 어머니는 성경 지식이 없어 성시 교독문만 읽었고 "햐, 얼마나 좋은 말씀이네"로 설교를 대신하고 매주 똑같은 기도를 하셨지만, 하나님이 그 예배를 기뻐하셨을 것이라고 확신한다. 오직 주님만 바라보는 예배, 주님 손만 붙들려는 간절함이 배인 기도를 들으시지 않는다면 어떤 예배를 받으시고 어떤 기도를 받으시겠는가?

추석과 설날, 그리고 어머니 생신 때면 어머니와 우리 5형제의 식구들이 다 같이 모여 예배를 드린다. 요즘 드리는 예배는 목사인 내가 인도한다. 설교는 아주 짧게 한다. 그래도 "햐, 얼마나 좋은 말씀이네"라는 어머니의 짧은 설교보다는 길다. 그런데 목사인 내가 인도하며 드리는 예배가 아무래도 옛날 어머니가 인도하시던 가정 예배만큼 간절하지 못한 것 같다.

옛말하며 살자꾸나

　고등학교 1학년이라고 하지만 철이 없었다. 석 달마다 돌아오는 등록금 납부 때가 되면 어머니를 졸랐다. 당장 등록금을 주실 형편이 되지 못한다는 것을 알면서도 떼를 썼다. 어떤 때는 큰 소리로 울기도 하였다. 어머니에게 해서는 안 될 못된 말도 하였다.
　학교를 계속 다니고 싶었다. 잘 사는 부잣집 아들로 태어나신 아버지가 공부하기 싫어서 소학교 다니다기 중단하였기 때문에, 학력이 짧은 아버지가 할 수 있는 일이 없어서 우리가 못살고 있다고 생각하고 있었다. 그래서 무조건 열심히 공부해서 성공해야 한다고 하루에도 수십 번씩 다짐하던 때였다. 등록금을 못 내게 되었다고 꺼이꺼이 울던 나에게 어머니는 이런 말씀을 하시곤 하셨다.
　"야, 조금만 참자꾸나. 길이 있갔디. 우리가 언제까지 이렇게 못살기만 하갔네? 우리 나중에 옛말하며 살자꾸나."
　그런 말씀을 들을 때마다 나는 '그래, 내가 더 열심히 해서 성공해야지. 그리고 엄마 말처럼 옛말하면서 살아야지.' 하고 마음속으로 다짐하곤 하였다. 그래서인지는 몰라도 나는 옛말을 많이 한다. 내가 지금 쓰고 있는 글들도 모두 옛말을 하는 것이다.

우리 형제들은 모두 말이 없는 편이다. 형제들끼리 모였을 때는 침묵의 세계가 펼쳐진다. 그러나 누군가가 상동에서 살던 옛이야기를 꺼내면 거기서부터는 말이 많아진다. 고생하며 살았던 옛날의 이야기가 그리 좋은 추억은 아닐 터인데, 어머니와 어머니의 아들인 우리 형제들이 만나면 상동 골짜기에서 고생하면서 살았던 '옛말'을 많이 한다. 어머니 말씀대로 되었다.

예언자 이사야는 유다백성에게 "너희를 떠낸 반석과 너희를 파낸 우묵한 구덩이를 생각하여 보라"(이사야 51:1)고 하였다. 하나님께서 그들의 조상 아브라함을 택하여 부르신 일, 아브라함에게 복을 주시고 번성케 하신 일, 그리고 유다백성은 그러한 아브라함의 후손임을 기억하며 하나님의 정의와 사랑을 실천하며 살아야 함을 가르치는 말씀이었다. 나는 앞으로도 옛말을 많이 하며 살 것 같다. 옛말을 하는 것은, 어려움 속에서도 선한 길로 인도하신 하나님의 은혜를 되새기는 것이며 자식들을 위해 희생하신 부모님의 사랑을 잊지 않는 것이며 어려운 형편을 함께 헤쳐 나온 형제들의 우애를 자식들에게 물려주는 방법이기도 하기 때문이다. 옛 일을 기억하고 옛 말을 '잘 하는 자'가 오늘과 내일을 겸손하게 살아갈 수 있다고 확신한다.

신세 갚아야 한다

자라면서 어머니로부터 많이 들은 말씀 중의 또 하나는 "신세 갚아야 한다"이다. 오늘의 내가 있기까지는 무엇보다 어머니의 희생을 꼽아야겠지만, 이 모양 저 모양으로 도움 주신 분들의 은혜를 잊을 수 없다.

어렸을 때부터 어머니는 우리가 어려울 때 박화식 목사님이 쌀 두 말 보내주셔서 먹었디는 말씀을 수도 없이 하셨다. 우리가 서울 원효로에 가기 직전이니 내가 세 살 때였을 거다. 나는 그 일을 기억할 수 없지만, 어머니가 하도 많이 말씀하시니, 마치 내가 본 것 같은 착각이 들 정도다. 아버지가 실직하시고 가진 돈이 다 떨어지고 어려움이 막 시작되었을 땐가 보다. 어느 날 서울에서 신학교를 다니시던 박화식 목사님(고향 교회 박병수 권사님, 김선녀 권사님의 아드님이셨다)이 방학 때 집에 오셨다가 당신 어머님 댁에서 일하시는 아주머니를 시켜 몰래 쌀 두 말을 보내주셨다고 하셨다. 그러면서 너희들이 나중에 성공하면 박화식 목사님께 신세를 갚아야 한다고 말씀하시곤 하셨다.

시장에서 큰 가게를 하시던 대머리 박 씨네 아줌마는 우리가 먹을 것이 부족할 때마다 마치 그릿 시냇가의 까마귀처럼 먹을 것을 가져다주셨다. 그때마다 어머니는 또 저 아줌마에게 신세 진 것을 잊지 말아야 한다. 너희들이 크면 신세 갚아야 한다고 말씀하시곤 하셨다.

가끔 아버지가 서울 남대문시장에서 사업을 크게 하시던 넷째 고모님 댁(man to man 티셔츠 창업주)에 가시면 옷을 몇 보따리씩 가지고 와서 동네 사람들에게 팔기도 하였다. 그때도 어김없이 너희들 고모님께 신세 진 것 나중에 출세해서 갚아야 한다고 말씀하셨다.

참 감사한 것은 이렇게 좋은 이웃과 친척들이 우리 곁에 있었다는 사실이다. '개구리 올챙이시절 모른다'는 속담이 있지만 적어도 우리 5형제에게는 해당되지 않는 말일 듯싶다. 왜냐하면 너희들 신세 갚아야 한다는 말을 어머니로부터 세뇌가 될 정도로 들으며 자랐기 때문이다.

그렇지만 생각만 있을 뿐 '신세를 갚는 일'을 제대로 하지 못하였다. 대머리 박씨네 후손들은 어디에 사는지도 모르고, 넷째 고모님 내외분은 미국에서 부족함 없이 사시고, 고 박화식 목사님 아드님(안디옥교회 박성호 목사)은 우리 교회보다 훨씬 더 큰 서울의 교회에서 목회를 멋지게 잘하고 있으니 또한 내가 그분들을 위해 할 무슨 일이 없는 듯하다. 다만 몇 년 전, 내가 3살 때 우리 집에 쌀 두 말을 보내주신 박화식 목사님이 경기연회 원로원에 들어가셔야만 했을 때, 우리 교회 원로 목사로 소속할 수 있도록 행정편의를 봐 드리고 원로원에 난로를 하나 설치해드리는 일은 감사한 마음으로 성심껏 해드렸다.

우리가 신세 갚아야 할 어른들 가운데 많은 분은 이미 고인이 되셨기에 어머니가 의미하시는 '신세 갚는 일'은 그분들께 할 수 없게 되었다. 그러나 나보다 약한 이웃에게 작은 친절이라도 베푸는 것이 내가 신세를 진 그분들에게 '신세 갚는 일'이라고 생각하며 살고 있다.

아버지

아버지는 과묵하셔서 아들들과 대화도 거의 없었고 우리를 꾸짖거나 하신 적이 없었다. 그런데 딱 한 번 나를 꾸짖으신 적이 있다. 어느 날 공부하지 않는다는 이유로 동생을 때리는 나에게 "동생 때리지 마라. 때린다고 공부하지 않는다. 내가 어렸을 때 공부하기 싫어했는데 하기 싫은 건 어떻게 해도 안 되더라"고 하셨다. 아버지는 우리에게 잔소리나 훈계 같은 것을 일절 하지 않으셨다. 성격 탓도 있었겠지만, 그것보다는 당신이 경제적 능력이 없어 자식들을 고생시킨다는 자괴감 때문이었을 것 같다. 아버지는 경제적 능력은 없었지만, 아들들이 공부하려고 애쓰는 것을 마음으로 지원해 주셨다. 아버지는 자존심이 강하신 분이었다. 그러나 아들들을 위해 가끔은 자존심을 버리고 서울에서 잘 사는 누이동생의 도움을 받아오기도 하셨다.

나의 유소년기와 청소년기에 대한 기억은 배고픔, 열등의식, 돈 없음으로 인한 고생 등으로 가득 차 있다. 특히 고등학교 1학년 때, 등록금을 마련할 수 없어서 더 이상 학업을 계속할 수 없다고 생각하게 되었을 때, 절망감 때문에 왜, 아버지는 돈을 벌지 못해서 아들 공부도 시키지 못하느냐면서 아버지께 대든 적이 있다. 내가 지금까지 지은 죄 중에 가장 큰 죄다. 아버지는 "돈이 다가 아닌데…"라고 하시며 뒤돌아서셨다. 그때 아버지의 마음이 얼마나 참담하였을까?

아버지는 실제로 돈에 초연하신 분이셨다. 가끔 돈이 생기기라도 하면 그 돈을 당신만을 위해 쓰지 않으시고 경로당에 모여계신 노인들을 대접하기도 하셨다. 가난하게 살기는 했어도 돈 때문에 비굴하거나 돈 때문에 편법을 쓰지 않으셨다. 아버지의 별명은 '교장'이었다. 소학교도 졸업하지 못하셨지만, 별명은 '교장'이었다. '교장'이라는 별명은 요즘 말로 '타짜'라는 별명과 같은 것이다. 즉 화투계의 달인이라는 뜻이다. 서울 사시는 삼촌이 가끔 상동에 올 때마다 아버지께 졸랐다. "형님, 좀 가르쳐 줘요" 하면 아버지는 "야, 그거 배워서 뭐 하네, 안 돼" 하시면서도 삼촌이 집요하게 조르니까 가르쳐주시곤 하셨다. 그런데 곁눈질로 보아도 삼촌은 제대로 습득하지 못하시는 것 같았다. 대학교까지 나온 삼촌이 이해하지 못하는 것을 보면 무언가 매우 어려운 것인가 보다 하고 생각하였다.

1979년 초, 아버지가 54세의 나이로 갑자기 돌아가시기 며칠 전이었다. 당시는 ROTC제대 후 서울에서 직장을 구한 큰형의 밥을 해주시기 위해 어머니가 서울에 와 계셨고, 아버지는 막냇동생과 상동에 살 때였다. 치매에 걸리신 할아버지가 집을 나가셨다는 소식을 듣고(다음 날 찾았다) 아버지는 독감에 걸린 상태에서 서울에 오셨다. 오랜만에 아버지와 형들과 내가 한방에서 잠을 자게 되었다. 너무 과묵하셔서 아들들과 대화 한 마디 없으셨던 아버지가 잠이 오지 않는다며 일어나시더니 화투를 가져오라고 하셨다.

화투를 갖다 드리자 "너희들이 궁금해할 것 같아서 내가 가르쳐주는 데 이거 써먹을 생각은 절대 하지 말아라"라고 하시고는 1에서 10까지의 화투 20장을 바닥에 휙 까놓고 잠시 들여다보시더니 전광석화 같은 속도로 화투 20장을 잡으셨다. 그리고는 열심히 섞어서 한 사람 앞에 다섯 장씩 네 사람 몫으로 나누어 주었다. 말하자면 짓고땡이라는 것이다. 짓고땡은 각자 받은 화투 다섯 장 가운데 석 장의 숫자를 합하여 10이나 20을 만들고 나머지 두 장으로 끗수를 견주어 승패를 가리는 노름이다. 잡고 보니 한 사람은 짓고(3장으로 10이나 20을 만들고) 7땡, 한 사람은 8땡, 한 사람은 9땡, 그리고 아버지는 장땡을 잡고 계셨다. 깜짝 놀라는 아들들에게 그 원리를 가르쳐 주시는 데 우리가 고등학교 때 배운 수열의 원리가 키포인트였다.

소학교도 졸업하지 못하신 아버지가 고등학교 다닐 때 내가 너무 어려워하던 수학 시간의 수열의 원리를 화투 놀이에 적용하신다는 것이 신기하였다. 화투 20장을 깔아 놓을 때 이미 숫자계산이 끝나는 것이고 숫자에 맞추어 20장을 잡는다. 그리고 순서에 따라잡은 20장을 열심히 섞는 것 같지만 결국은 다시 애초에 손에 잡은 순서대로 된다. 그러면 바로 옆에 있는 동료가 기리라는 것을 하는데 그것 역시 정신없이 아래위를 바꾸고 섞는 것 같지만, 결국은 애초에 손에 잡은 순서대로 된다는 것이다. 빠른 두뇌 회전과 신기에 가까운 손놀림이 있어야 가능한 것이었다. 그런데 중요한 것은 아버지가 평생에 한 번도 그 기술을 실전에 써보지 않으셨다는 것이다. 그것은 노름기술을 이용해서 남의 돈을 따먹는 일을 하지 않으신 것을 의미한다. 아버지가 그 기술을 쓰셨다면 우리가 배불리 먹으면서 살 수 있었을 것이고 등록금 걱정 같은 것은 하지 않으면서 학교 다닐 수도 있었을 것이다. 그러나 그렇게 하지 않으신 아버지가 자랑스럽다.

화투 강의를 끝내신 아버지가 옛날이야기를 하나 해주셨다. 아버지가 아들들에게 당신 이야기를 하신 것은 그때가 처음이었다. 6.25가 끝나고 상동광업소에 취직하여 들어와 보니 단오 때 씨름대회를 하더란다. 열 일곱 살 때 이미 태천군 단오절 씨름대회에서 우승하여 송아지를 탄 경력이 있는 아버지가 가만히 보니 씨름기술을 제대로 구사하는 사람이 없더란다. 아버지도 출전하여 승승장구 결승전까지 오르셨다. 결승에서 맞붙게 될 상대는 김○○ 씨였다. 상동광업소 선광장에 필요한 쇠구슬(당시에는 보루

다마라고 하였다)을 만들어 납품하는 사업가이며 권투도장을 운영하는 지역 유지였다. 그 휘하에는 많은 사람이 있었다. 말하자면 상동지역을 김○○ 씨가 꽉 잡고 있는 형편이었다. 아버지는 키 180cm에 몸집이 좋으셨다. 그런데 김○○ 씨는 아버지보다 덩치도 크고 힘도 센 것 같은데 씨름기술은 별로 없으면서도 결승전에 오르더란다. 쉽게 이기겠구나 하는 생각을 하고 있는데 젊은이들 몇이 아버지께 와서는 다짜고짜 기권하라고 하더란다. 왜 기권하느냐 안 하겠다 했더니 기권하지 않으면 재미없을 줄 알라며 협박하더란다. 상대는 이미 오래전에 상동에 들어와 터를 잡고 휘하에 부하도 많이 거느린 사람이고 아버지는 평안도에서 풍기를 거쳐 이제 갓 들어온 혼자였다. 버티던 아버지는 결국 기권을 하였고 우승은 김○○ 씨에게 돌아갔다는 것이다. 처음 듣는 아버지의 얘기를 들으며 마음속으로 울었다. 고향을 떠나 타향살이를 한다는 것이 그렇게 어려운 것이구나 하는 생각을 하였다. 남북분단으로 인해 아버지는 고향을 빼앗겼을 뿐 아니라 당신 삶의 자리마저 빼앗겨버렸다는 생각을 하였다. 아버지를 기억할 때마다 내가 빼앗겨서는 안 될 자리가 무엇인가를 생각한다. 그리고 나의 주변에는 자기의 자리를 빼앗긴 채 살고 있는 수많은 사람들이 있음을 잊지 않는다.

다음 날 아침, 좀 쉬시다가 감기 나으면 내려가시라는 우리들의 만류를 뿌리치고 상동으로 내려가신 아버지는 며칠 되지 않아 2월 3일 뇌출혈로 돌아가셨다. 그렇게 잘 생기고 풍채 좋고 건강하시던 아버지가 갑자기 돌아가신 것이 너무 큰 충격이었다. 돈을 못 번다는 이유로 아버지를 존경하지 않고 원망하던 적이 많았던 터라 더욱 아버지께 죄송하였다. 평생 아들들과 대화를 하지 않으시던 아버지가 그날 옛날이야기를 해 주신 것이 이 세상에서 내가 아버지와 나눈 마지막 대화였다.

할머니

　우리 식구들이 기독교인이 된 것은 할머니 덕분이다. 할머니가 시집오시니까 시어머니(나의 증조할머니)가 "내가 삭주에서 교회 유치부를 다녔다. 박씨 집안에 와서 교회를 나가고 싶어도 나갈 수 없어서 여태껏 못 나갔는데 너라도 교회를 다니거라" 하셨다고 한다. 증조할머니의 비호 아래 할머니는 태천감리교회를 다니기 시작하셨다. 나중에 우리 어머니가 시집오시자 며느리를 교회로 데리고 가셨다. 증조할아버지는 교회 다니는 것을 심하게 반대하셨으나 할아버지는 당신의 아내와 며느리가 교회 다니는 것을 반대하시지 않으셨다고 한다.

　할머니는 교회를 다니시면서 부터는 교회를 제일로 아셨다. 고향의 태천감리교회에서 뿐 아니라 남쪽에 나와서 고생을 하시면서도 교회에 출석하고 헌신하는 일에는 열심이셨다.

　경북 풍기에서 한국전쟁을 지낼 때까지는 아버지를 포함한 7남매가 모두 할머니 할아버지와 함께 사셨다. 그러나 북에서 가지고 온 금덩어리 등을 팔아서 차렸던 인조견공장이 잘 안 되자 식구들은 뿔뿔이 흩어지게 되었다. 할아버지와 할머니는 남은 돈을 가지고 마차리로 가셔서 탄광을 차리셨다. 큰고모네와 셋째 넷째 고모는 서울로, 둘째 고모는 풍기에서 결혼하여 교직에 계셨던 고모부를 따라 대구로, 친구의 주선으로 상동광업소에 취직하게 된 아버지는 어머니와 큰형, 그리고 삼촌 둘과 함께 상동으로 오셨다. 일단 상동에 도착하였지만 당장 거처할 집을 구하지 못하였는데, 주일날 교회(상동제일교회)에 갔더니 평안도 태천 감리교회에서 목회하시던 목사님이 시무하고 계셨다고 한다. 반갑기는 이루 말할 것이 없고, 마침 교회 사택의 방이 여러 개여서 그중의 하나를 얻어서 두 달 신세를 졌다고 한다. 어머니는 그 두 달 동안 사모님에게 구박을 좀 받았다고 말씀하셨다. 교회밖에 모르시던 할머니가 고향에서 풍족하게 사실 때 교회에 헌신도 잘 하시고 목사님을 끔찍이 위하셨다고 한다. 그런데 과거에 그렇게 잘 살던 집의 사람들이 빈손으로 나타나니 사모님이 좀 귀찮으셨나 보다.

남북분단은 우리 집을 송두리째 흔들어 버렸다. 조상 대대로 살아오던 고향을 떠나야 했다. 할아버지가 자수성가하여 일구신 사업과 그 결과로 얻게 된 막대한 부를 모두 버려두고 떠나야만 하였다. 아는 이 없는 낯선 땅에서 살아간다는 것이 참으로 어려운 일이었을 것이다. 마차에서 탄광사업마저 실패하신 할아버지는 잠깐 원효로에서 콩나물공장을 하신 후에는 혼자 이곳저곳을 전전하셨다. 가진 것 없는 맨손이지만 북쪽에서의 성공을 남한에서 다시 한번 재현하고 싶은 열망을 가지고 계셨던 것 같다.

할머니는 홀로 집을 떠나 전국을 떠돌고 계신 할아버지를 대신하여 우리 집의 중심을 잡아주셨다. 할머니가 아니었더라면 오늘의 우리가 없었을 것이다. 이미 셋째 고모님들까지는 대학 공부까지 마치고 결혼도 하셨지만 넷째 고모님과 두 삼촌은 한국전쟁이 끝난 후에 학교를 다니셨다. 그 뒷바라지를 할머니가 다 하셨다. 그 와중에 첫째 아들인 우리 아버지가 전쟁 직후 몇 년을 제외하고는 경제적인 능력을 가지지 못하고 힘들게 살았으니 할머니의 심적 고통 또한 컸을 것으로 생각한다.

우리 가문에 기독교 신앙의 씨앗을 받아들여 키우신 할머니는 우리 가문의 기둥이시기도 하였다. 키가 크시고 목소리가 크신 여장부셨다. 할머니가 아니었더라면 우리 가문이 오늘처럼 신앙을 가지고 잘 살 수 있게 되었을까?

범도 잡을 용감한 형제들

　1968년 10월 30일, 삼척·울진 무장간첩 침투사건이 일어났다. 우리 동네는 11월이면 벌써 겨울이나 마찬가지다. 동네가 해발 600m나 되는 높은 곳에 있으니 해를 많이 볼 것 같지만 천만의 말씀이다. 주변이 온통 높은 산으로 둘러싸여 있어서 11월이면 해가 오후 서너 시만 되어도 서쪽으로 넘어가 버린다. 오후 대여섯 시쯤 되면 밤이 찾아온다.

　공비들이 침투한 후부터 날이 어둡기만 하면 통행금지가 되어 긴긴밤이 무료하였다. 지금처럼 TV가 있는 것도 아니고 우리 집에는 라디오도 없었으니 그 긴 밤들을 지루하게 지낼 수밖에 없었다. 만일 라디오가 있었다 해도 소리 내어 듣지도 못하였을 것이다. 마음 놓고 불도 켤 수 없었다. 지루한 밤들이었다기보다는 공포의 밤들이었다고 하는 것이 맞을 것이다.

　우리는 여자 형제 없이 아들만 5형제다. 우리 집을 드나들던 어른들이 이렇게 말하는 것을 여러 번 들었다. "아들들이 다 잘 생겼네. 이 아이들 장성하면 범(호랑이)이 와도 때려잡겠다." 나는 그분들의 말을 그대로 믿었다. '맞아 우리 형제들이 힘을 합치면 못할 것이 무언가' 하는 우쭐한 마음을 가지곤 하였다. 내가 밖에 나가서 두들겨 맞고 오는 일은 없었다. 든든한 형이 둘이나 있었으니까. 우리 형제들은 동네 사람이 다 부러워할 정도로 의가 좋았고 건강하였다. 그때 큰형이 고등학교 2학년, 작은형이 중학교 2학년, 내가 국민학교 6학년이었다. 넷째는 3학년, 막내는 1학년이었다.

"평창에서 이승복이 '나는 공산당이 싫어요.' 하다가 무장공비들에게 무참히 살해당했다"는 얘기, 멀지 않은 골짜기들에서 무장공비를 잡은 이야기가 하루가 멀다고 들려지던 때였다. 이미 무장공비들은 우리가 사는 동네 가까이에 여럿이 와 있는 것이 분명하였다. 우리 집은 장산(長山; 해발 1408.8m)에서 내려와 개울만 건너면 제일 먼저 만나게 되는 집이다. 그러니 밤마다 무서운 것은 당연하였다.

그러던 어느 날 밤, 형제 중 누군가가 "이러다가 우리 집에 무장공비가 들이닥치면 어떡하지" 하는 말을 하였다. 그러자 항상 제일 용감한 둘째 형이 우리 이러고 있지 말고 무기를 하나씩 갖추자고 제안하였다. 그래서 동원된 것이 아령, 다듬잇방망이 등이었다. 방 안에 무기가 될 만한 것은 그것들밖에 없었다. 윗방에서는 부모님이 주무시고 우리 5형제는 아랫방에서 한 이불을 덮고 잘 때였다.

둘째 형의 작전 지시가 이어졌다.

"무장공비가 와서 문을 열어 달라고 하면 넷째가 바짝 엎드려서 가만히 방문을 열어. 그러면 나하고 형이 아령으로 무장공비의 마빡을 칠 테니까 그 다음에는 셋째가 다듬잇방망이로 대가리를 후려치는 거야!" "응, 그래그래" 하며 우리는 결의를 다짐하였다. 아, 당시 우리는 얼마나 잘 교육받은 반공 소년들이었던가! 무장공비가 나타나서 물으면 "나는 공산당이 싫어요!"라고 해야 한다고 학교에서 배웠을 정도니까. 그것은 곧 무장공비한테 맞아 죽으라는 얘기나 마찬가지이지만 선생님들은 우리에게 그렇게 가르쳤다. 지금 생각하면 당시 학교는 정말 무식하고 무책임한 교육 현장이었다.

우리 형제들이 이승복처럼 억울히게 죽을 수 없으며 무장공비에게 잡혀 죽지 말고 때려잡자고 생각하였다는 것은 우리가 당시 반공 소년들 중에서도 모범적인 반공 소년들이었다는 것을 반증하는 것이다. 아, 장하디장한 반공 소년 5형제여!

모두 비장한 마음으로 아령과 박달나무로 만든 다듬잇방망이를 품고 방 안에 웅크리고 앉아 있었다. 밤 9시쯤 되었을 때였다. 그때 밤 9시면 꽤 깊은 밤이었다. 누군가 저벅저벅 우리 집을 향해 오는 소리가 들렸다. 우리는 모두 놀라서 숨을 죽이게 되었다. 그런데 우리 집 방문 앞까지 온 그 사람이 아무 말도 없이 가만히 있었다. 가슴은 이내 쿵쾅쿵쾅 소리를 내는 듯이 뛰기 시작했다. 몰래 우리 방의 동태를 살피는 것이 분명한 것 같았다. 드디어 올 것이 온 것이다. 해만 지면 통행금지이고 통행금지 시간에 다니다가 예비군이나 군인들 총에 맞아도 뭐라 할 수 없는 시기였기에, 그 깊은 밤에는 무장공비 외에는 다닐 사람이 없다고 생각하였다.

그런데 잠시 후에 들리는 소리,

"계세요."

"이크, 무장공비가 우리 방문을 열려고 수작을 부리네. 큰일 났다."

우리는 아무도 말하지 못했지만, 속으로는 다 그렇게 생각했다.

'계세요'라는 말이 들리는 순간 우리 형제들은 다 얼음같이 얼어붙어 버렸다. 작전대로라면 넷째가 바짝 엎드려 문을 열고 두 형이 아령으로 내리치고 내가 다듬잇방망이로 후려쳐야 하는 건데, 그러나 이미 모두 얼어붙은 몸들이 움직이지 않았다. 몸보다 앞서 마음부터 얼어붙었던 것 같다.

'아! 하나님이여, 도우소서!'

우리가 얼어붙어 있는 사이 또다시 부르는 소리,

"계세요"

아, 미치는 줄 알았다. 저놈의 무장공비가 왜 하필이면 우리 집에 와서 문을 열라고 불러댄단 말인가. 이렇게 생각하는 데 또다시 들리는 그 목소리.

"인수야, 내 동생 봉석이 못 봤나?"

이런, 둘째 형의 친구인 봉석이 형의 형이었던 것이다. 동생이 밤이 되어도 집에 오지 않으니 찾으러 다니는 중이었다. 서울에 살다가 고향으로 돌아온 지 며칠 되지 않은 사람이라 우리가 그의 목소리를 몰랐던 것이다. 문을 빼끔히 열면서 우리가 느꼈던 안도감, 그리고 쪽팔림… 무장공비라면 "계세요"라고 묻지도 않고 쳐들어왔을 것이다. 그러나 순진한 우리 형제들은 그가 무장공비인 줄 알았다.

그때 통행금지도 무시하고 목숨 걸고 동생 찾으러 우리 집에 왔던 그 형님, 우리가 덜 용감했기에 살아남을 수 있었던 것을 지금도 모를 거다. 그때 알았다. 형제들이 많아서 번이라도 잡겠다고 하시던 동네 어른들의 소리가 다 고생스럽게 아이들을 키우시는 우리 어머니를 위로하는 말이라는 것을.

사람들의 말을 말 그대로 받아들여서는 안 되는 경우가 많은 것 같다. 어떤 말은 듣기에 달콤하고 그럴듯해도 그 속에 독을 품는 경우가 있고, 어떤 말은 거칠어서 듣기에 거북하지만 그 속에 듣는 이를 향한 애정이 담긴 말도 있다. 또 어떤 말은 허위이지만 듣는 사람의 유익을 위한 선한 거짓말인 경우도 있다.

이놈들,
그 떡 내가 보는 데서
다 먹고 나가라.

03

결핍, 오히려 하나님의 은총

"너를 낮추시며 너를 주리게 하시며
또 너도 알지 못하며 네 조상들도 알지 못하던 만나를 네게 먹이신 것은
사람이 떡으로만 사는 것이 아니요 여호와의 입에서 나오는 모든 말씀으로
사는 줄을 네가 알게 하려 하심이니라."

(신명기 8:3)

내 소원은
구두닦이

　서울 생활을 하다가 다시 돌아온 상동 골짜기가 우리 식구들에게는 그저 황량한 광야 같았다고 기억한다. 서울에 가기 전에는 아버지가 "지나다니는 개도 100환짜리 지폐를 물고 다닌다."라는 말이 있을 정도로 경기가 좋은 상동 대한중석의 사원이었으니까 먹고 사는 데 지장이 없었다고 한다. 그러나 꽤 많이 받았다고 하는 퇴직금을 가지고 아버지가 광산을 하겠다며 나섰다가 다 소진한 터라, 우리 식구는 할 수 없이 1년 동안 서울의 큰고모님 집에 얹혀살다가 다시 돌아왔다.

　내가 다섯 살이고 작은 형이 여덟 살이던 어느 날이었다. 작은형과 나는 배가 고프다며 어머니께 밥을 달라고 하였다. 그런데 가만히 보니 어머니가 솥에 맹물을 끓이면서 울고 있었다. 솥에 물은 넣어서 끓이고 있었지만, 거기에 넣을 음식 재료가 없었던 것이다.

어머니가 동네의 쌀집에 가서 좁쌀 두 되만 외상으로 달라고 했더란다. 그런데 어머니의 말에 쌀집 주인아주머니는 들은 척도 하지 않고 대꾸도 하지 않더란다. 어머니의 마음이 얼마나 참담하였을까. 바로 1년 전까지만 해도 거래를 하던 이웃집이었다. 1년 만에 빈손으로 들어와 살기 시작한 집에 좁쌀 두 되 외상으로 주었다가 못 받으면 어떡하냐는 마음에서 그랬는지는 모르겠다. 그 후로부터 나는 그 아주머니를 볼 때마다 좁쌀 같다는 생각을 하였다.

지금까지 풍족하게 살아오지는 못했지만 나에게 찾아와 도움을 요청하는 사람들을 그냥 돌려보낸 적은 없다. 59년 전 어머니가 빈손으로 쌀집에 갔다가 거절당하셨던 것을 잊지 않기 때문이다.

조금 전까지만 해도 배고프다며 나와 함께 칭얼대던 작은형이 정색하더니 "엄마, 걱정하지 마. 우리가 있잖아. 우리가 좀 더 크면 나는 구래이발관(우리 동네에 있던 이발관)에 가서 머리 감겨주는 사람 되고, 인환이는 극장 앞에서(당시 상동에는 꼴두바우 앞에 영화관이 있었다.) 구두닦이 하면서 돈을 벌면 되잖아. 그렇게 하면 쌀도 가마니로 척척 들여올 수 있어. 그러면 엄마 고생하지 않아도 돼…" 주절주절 청산유수같이 말하는 둘째 형의 말을 듣던 어머니가 웃으셨다. 여덟 살 어린 아들이 엄마를 위로한답시고 하는 말에 어머니는 얼굴에 눈물이 범벅인 채 환히 웃으셨다. 그리고는 "그럼 대머리 박 씨 집에 가서 국수를 외상으로 좀 가져오려무나" 하셨다. 대머리 박 씨네는 우리와 동향인 평안도에서 월남하신 분들이었다. 주인아저씨 머리가 훤하여 동네 사람들은 '대머리 박 씨'라고 하였다. 동네에서 가게를 크게 하셨는데, 우리가 어려울 때마다 도움을 주셨다. 둘째 형과 나는 쏜살같이 대머리 박 씨네 집으로 달려가 국수를 외상으로 가져왔다. 그때 외상으로 국수 두 근을 주신 그분들이 어린 마음에도 고마웠다.

그날부터 나는 얼른 자라서 구두닦이가 되어야겠다고 마음먹었다. 구두닦이가 되면 쌀도 가마니 째로 사들일 수 있고 도움을 주신 분들에게 신세도 갚을 수 있을 것이라고 믿었다. 그런데 모든 것이 생각대로 되지 않는 세상이다. 그토록 커서 구두닦이가 되고 싶어 했던 내 꿈은 이루어지지 않았고 나는 목사가 되어 살고 있다. 이발소에 가서 머리 감겨주는 사람 되겠다던 둘째 형은 십 수 년 전 미국에 이민 갔는데 이발소는 근처에도 가지 않는다고 한다. 집에서 형수님이 머리를 깎아주시기 때문이다.

어려운 일이 있을 때마다 구두닦이가 되겠다고 다짐했던 다섯 살 때의 일을 기억한다. 그러면 힘이 솟는다.

산수책
– 복수

초등학교에 들어가서 제일 힘들었던 시간이 산수 시간이었다. 덧셈 뺄셈을 잘하지 못하여 어려운 것도 물론이었지만 그보다 더 힘들었던 것은 산수책에 나오는 그림들 때문이었다.

김이 무럭무럭 나는 찐빵 다섯 개가 들어 있는 접시 그림에 −(빼기) 기호를 넣고 역시 김이 무럭무럭 나는 찐빵이 세 개 담긴 접시를 그린 그림을 제시하고는 "철수가 찐빵 다섯 개 중에서 세 개를 먹었습니다. 남은 찐빵은 몇 개일까요"라는 질문을 제시한다든지, 빨간 사과 다섯 개 그림 다음에 역시 빨간 사과 세 개 그림을 제시하고 가운데에 ＋(더하기) 기호를 넣고는 "철수가 사과나무에서 사과 다섯 개를 땄습니다. 영희는 세 개를 땄습니다. 두 사람이 딴 사과를 합하면 몇 개일까요" 등등의 문제가 여럿이었다. 산수책을 펴면 찐빵이 보이고 사과가 보였다. 김이 무럭무럭 나는 찐빵이 먹고 싶었고, 보기만 해도 맛있을 것 같은 빨간 사과가 먹고 싶었다. 때로는 친구들과 산수책을 펴놓고 책 속의 찐빵이나 사과 그림을 두 손가락으로 마치 집어먹는 것 같은 시늉을 하기도 하였다. "야, 찐빵 맛있다. 야, 사과가 달콤하네…."

산수책 속의 찐빵이나 사과가 당장이라도 내 앞에 뚝 떨어졌으면 좋겠다는 생각을 하기도 하였다. 그러나 산수책 속의 찐빵이나 사과는 그림일 뿐 현실이 아니었다. 초등학교를 졸업한 지도 수십 년이 지났지만, 지금까지도 초등학교 1학년 산수책을 생각하면 분노가 치밀지 않을 때가 없었다. 왜, 많고 많은 물건 중에 하필이면 찐빵과 사과란 말인가? 조약돌도 있고 나무토막도 있지 않은가. (아, 내 유년 시절 얘기에는 먹는 것 이야기가 빠지질 않네, 이런 쯧쯧… 그런데 앞으로도 몇 개 더 나온다.)

1963년이면 많은 국민들이 굶주릴 때다. 산수책을 보는 아이 중에도 먹을 것이 없어 굶주리는 아이들이 많았을 것이다. 문교부도 그것을 잘 알고 있었을 텐데 왜, 배고픈 아이들도 볼 산수책에 먹을 것을 그리고 그와 관련된 문제를 냈는가 하는 것이 도무지 이해할 수 없는 일이다.

공감할 줄 모르는 어른들이 책을 지었기 때문이라고 생각한다. 자기가 배부르고 자기 자식은 찐빵이나 사과를 별 어려움 없이 먹을 수 있으니까 모든 국민이 다 자기 같은 줄 알고 그렇게 하지 않았을까?

화정교회에 부임한 지 몇 년 되지 않아 국회의원선거가 있었다. 우리 지역구였던 시흥시 후보로 민자당의 황 아무개 후보가 나왔다. 교육계 출신인데 1960년대 초등학교 교과서를 집필한 사람이라고 하였다. 그 말을 듣고 우리가 배우던 산수책에 찐빵 그려 넣고 사과 그려 넣은 사람 중 한 명일지도 모른다는 생각을 하고 그 사람을 찍지 않았다. 찍지 않았을 뿐 아니라 찍으려고 하는 사람들을 말리기까지 하였다. 그래서인지 그 사람은 낙선하였다. 어린 우리들을 괴롭게 한 산수책에 30여 년 만에 복수한 셈인가?

생일

"오마나, 어제가 ○째 생일이었구나. 이거 어떡하네? … "
어렸을 때 어머니에게 여러 번 들었던 말씀이다. 아들은 5형제, 경제 능력이 없는 남편을 대신하여 삯바느질하며 가족들 먹여 살리시느라 우리 어머니는 항상 분주하셨다. 어머니는 아들들의 생일상을 차려주시는 일은 고사하고 아들들 생일을 기억하시기도 힘드셨을 만큼 어려운 시기였다. 그러나 어머니가 아들의 생일을 잊지 않으셨을 때는 돈이 궁해도 꼭 고등어자반 한 손(두 마리)을 가져다가 밥상을 차리셨다.

우리 형제들도 집안의 경제 사정을 알고 어머니의 고생을 알고 있었기에 그 어느 형제도 생일에 뭐 해 주지 않는다고 투정한 적은 없었던 것으로 기억한다.

1983년에 결혼을 하였고 이듬해 2월 17일 하루 전, 서울 사시는 장모님께서 음식 재료들을 잔뜩 가지고 인제군 서화면 천도리 골짜기까지 오셨다.(당시 나는 12사단 51연대 군목을 하고 있을 때였다.) 막냇사위 생일상을 차려주시기 위해서였다. 장모님이 그 먼 길을 오신 것만 해도 황송한데 생일상을 차려주시니 몸 둘 바를 몰랐다. 그 후로도 내 생일 때면 장모님은 어김없이 사위를 위해 상을 차리시기도 하고 생일선물이라며 용돈을 주시기도 하셨다. 지금 와서 하는 얘기지만 장모님의 그러한 배려가 고맙기도 하면서 항상 어려웠었다. 왜냐하면, 어렸을 때부터 익숙하지 않은 일이었기 때문이다. 그저 생일인가보다 하고 지나가기 일쑤였던 생일을, 결혼하고 나서부터 아내와 장모님이 빠짐없이 챙겨주는 것이 내게는 꽤 오랫동안 쑥스럽고 어색한 일이었다. 사실 결혼한 지 36년이나 지난 오늘까지도 생일축하를 받을 때마다 느끼는 쑥스러움이 남아있다. 여러 해 동안 병석에 누워계시고, 이제는 너무나 노쇠하여 말씀 한마디 하기조차 힘드신 장모님이 올해도 어김없이 "생일을 축하한다"고 하시며 딸(내 아내)을 시켜 생일축하금을 하사하셨다.

수제비와
콩죽의 추억

군목 생활을 할 때, 전방 GOP 소대들을 방문할 때면 "목사님, 저희 소대원들이 끓인 수제비 드시고 가세요"라며 권하는 소대장이 있었다. 대접하는 친절에 마지못해 수제비를 먹는 시늉을 하곤 했지만, 도대체 맛이 없어서 먹기 힘들었다. 그런데 소대장을 비롯한 소대원들은 정말 맛있게 먹는 것이었다. 남들은 다 맛있다고 하는 수제비가 나는 맛이 없었다. 그것은 수제비 자체가 맛이 없었던 것이 아니라 나의 기억 속에 저장되어 선입견처럼 굳어버린 수제비에 대한 기억 때문이었다.

어렸을 적에 싫도록 먹은 것이 수제비다. 그것도 밀가루 수제비가 아니라 밀가루를 뽑고 난 찌꺼기인 밀기울로 만든 수제비다. 밀기울은 밀가루보다 값이 훨씬 쌌기에 가난한 사람들의 양식으로 많이 쓰였다. 배추나 무청을 말린 시래기나 산나물을 잔뜩 넣어 끓인 물에 풀기도 없는 밀기울 반죽을 넣어서 끓이면 제법 구수한 냄새가 난다. 그러나 수제비를 떠서 입에 넣으면 그 수제비가 그럴듯한 냄새와는 달리 아주 맛없는 것임을 곧 알게 된다. 까끌까끌한 밀기울 수제비는 배고프던 그때에도 맛이 없었다. 그러나 먹을 것이 그것밖에 없으니 먹어야 했다. 어른이 되어서도 수제비라는 말만 들으면 예의 그 까끌까끌하고 맛없는 밀기울 수제비가 떠올랐다.

결혼한 후 얼마 안 된 어느 날 장모님이 오셔서 감자 수제비를 만드셨다. 내가 수제비는 안 먹는다고 하자 아내가 먹어보지도 않고 그러느냐 하였다. 수제비를 해주신 장모님의 성의와 아내의 강권 때문에 억지로 감자 수제비를 먹었다. 그런데 옛날의 수제비 맛이 아니었다. 참으로 맛있었다. 같은 수제비라도 무엇으로 만들었느냐가 중요하다는 것을 깨달았다. 그 후부터 수제비를 먹게 되었다. 그러나 슬기지는 않느나.

어렸을 때 많이 먹던 음식 중 또 하나가 콩죽이다. 옛날에는 콩이 쌀보다 가격이 낮았다. 또 콩은 물에 불리면 몇 배로 불어나는 곡식이라 가난한 사람들에게는 좋은 양식이 되었다. 그래서 어머니는 콩죽을 쑤어주시곤 하셨다. 콩죽 먹고 학교 가라며 우리를 깨울 때마다 나는 투정을 하곤 하였다. "콩죽 먹기 싫어! 밥 줘!" 그러면 어머니는 이렇게 달래곤 하셨다. "넌 왜 먹어보지도 않고 안 먹는다 그러네? 먹어보려무나" 그러면 억지로 콩죽을 먹기 시작하였다. 그런데 참 신기한 것은 콩죽이 그렇게 먹기 싫다가도 일단 먹기 시작하면 구수한 게 맛있는 것이다. 그래도 그 다음 날 아침에는 여전히 "콩죽 먹기 싫어! 밥 줘!" 하면서 어머니의 아픈 마음을 후벼 파곤 하였다. 아무리 어린아이였어도 그렇지 내가 어머니의 마음을 너무 많이 아프게 해드렸다. 돌이킬 수 없는 죄다.

강냉이떡과 교장 선생님

    1960년대에 초등학교에 다닌다는 것은 학교에서 강냉이떡을 하나씩 얻어먹을 수 있다는 것을 의미하기도 하였다. 굶주리는 한국 사람들을 위해 미국 사람들이 밀가루, 강냉이가루, 우유가루를 보내 주던 때였다. 지역마다 차이가 있긴 했지만 구래국민학교에서는 강냉이떡을 만들어서 하나씩 나누어 주었다.

    먹을 양식도 부족하고 간식거리라곤 아카시아꽃, 송기(소나무속껍질), 높은 산까지 올라가서 따 왔던 머루, 다래, 산딸기, 그리고 치랭이골에서 잡은 가재(구워 먹었다) 같은 것들 외에는 꿈도 꾸지 못하던 시절의 강냉이떡은, 우리의 빈 배를 채워주고 무언가 먹고 싶은 우리의 입을 즐겁게 해주는 최고의 음식이었다. 소사 아저씨가 소금을 뿌리고 버무려서 커다란 나무 시루에 김을 올려 쪄내는 강냉이떡은 참 맛있었다.

2학년 때의 일로 기억된다. 강냉이떡을 받는 날마다 절반만 잘라먹고는 반쪽은 손에 들고 집으로 오곤 하였다. 아직 학교에 입학하지 못하여 강냉이떡을 받지 못하는 동생을 주려고 남겨오는 것이다. 책 보따리에 넣으면 찌그러질 것 같아 할 수 없이 손에 들고 집으로 왔다. 이런 행동을 하는 아이들은 나 말고도 여럿이었다. 그 아이들도 집에 있는 동생을 위해 그렇게 하는 것이었다.

그런데 어느 날 강냉이떡 반쪽을 들고 교문을 나서려고 하는데 교장 선생님이 우리를 가로막으셨다.

"이놈들, 그 떡 내가 보는 데서 다 먹고 나가라."

키가 크시고 얼굴이 길쭉하신, 지금 생각해도 엄하신 분이셨다. 김승희 선생님이었는지 이승희 선생님이었는지는 가물가물하다. 교장 선생님의 호령에 우리는 끽소리 못하고 강냉이떡 반쪽을 그 자리에서 먹어야 했다. 집에서 강냉이떡을 기다리고 있을 동생을 생각하니 교장 선생님이 야속하였다. 지금은 교장 선생님이 왜 그러셨는지 이해할 것 같다. 잘 먹지 못해 핏기없는 제자들을 사랑하는 마음에서였을 것이다. 얼마 되지도 않는 것, 너희들만이라도 허기를 메워야 하지 않겠느냐는 마음이 아니었을까.

학교에서 나누어주던 강냉이떡은 크기가 들쑥날쑥하였다. 보통은 분필통만 한 것인데 어떤 것은 분필통보다 훨씬 크기도

하고 어떤 것은 작기도 하였다. 그 많은 떡을 소사 아저씨 혼자서 쪄내고 썰어야 하니 크기가 일정치 못한 것은 당연한 일이었다. 강냉이떡을 나누어 주는 시간에는 '눈치작전'이 시작되었다. 주번이 쟁반에 담아서 들고 오는 떡을 일단 유심히 살핀다. 그 후에 줄서기가 시작되는데, 큰 떡이 위에 보이면 서로 먼저 받으려고 앞에 서고 작은 것들이 위에 있으면 서로 앞자리를 양보하는 것이다. 그럴 때면 항상 힘세고 약삭빠른 녀석들이 이득을 보게 된다. 천성이 약지 못하고 얼굴이 두껍지 못한 나는 언제든지 '주는 대로' 받아먹는 것으로 만족해야 했다. 그러면서 강냉이떡 쟁반 앞에서 아귀다툼하듯이 '줄서기'를 하는 친구들을 딱하다고 생각하였다.

성인이 되어 세상을 바라다보니 수십 년 전, 강냉이떡 앞에서 '줄서기'를 하던 우리들의 영락없는 모습이다. '줄서기'를 잘하는 사람이 많이 누리고 많이 가지고 힘을 휘두르는 사회다. 약삭빠르지 못하고 힘 약한 사람도 함께 누리고 공유하고 권리를 행사할 수 있는, 상생의 사회를 오늘도 꿈꾸어 본다. 그러나 한편으로는 과연 그런 사회가 오긴 오는 것일까 하는 의문을 가진다. 그래서 라인홀드 니버가 '불가능한 가능성'이라는 말을 한 것 같다. 불가능한 것인 줄을 알면서도 가능성을 향해 걸음을 내딛는 것이 그리스도인의 바른 태도라는 정답을 마음에 품고 작은 실천이라도 하려고 한다. 그런데 쉽지 않다.

등잔불

우리 집에 전기가 들어온 것은 5학년 때이다. 그때까지는 등잔불과 호롱불을 썼다.

석유를 담은 사기 등잔에 광목 심지를 끼워 불을 붙이는 등잔은 석유 냄새도 나고 자칫 석유를 엎지를 위험이 있을 뿐 아니라 밝지도 않았다. 양초는 불도 밝고 석유 등잔보다는 덜 위험하고 깨끗한 물건이었다. 그렇지만 양초는 등잔보다 비용이 좀 더 많이 드는 것이어서 우리가 주로 쓰는 것은 석유 등잔이었다.

등잔을 켜고 그 앞에 엎드려 숙제를 하기도 하였다. 그러다 보면 머리카락이 타는 냄새가 나기 일쑤였다. 아침에 일어나 불에 그슬린 앞머리를 털고 거울을 보면 앞 머리카락만 휑하니 짧아져 있어 보기 흉했다. 머리 그슬리는 것은 그래도 약과다. 가끔은 눈썹을 그슬렸다. 그런 날 학교에 가면 친구들이 낄낄거리며 놀렸다. 우리 집만 그런 것이 아니고 그때는 거의 모두가 등잔을 사용했으니 밤새 등잔불에 눈썹을 그슬린 아이들이 심심치 않게 등장했고 그러면 우리는 서로 낄낄거리며 놀렸다.

어느 날 호롱불을 사용하기 시작했다. 호롱은 호야 또는 남포라고도 하는 물건인데, 양철로 만든 통과 석유를 빨아올리는 광목심지, 그리고 불꽃을 보호하는 유리로 되어 있다. 약간의 바람이 닿기만 해도 꺼지고 마는 등잔불과 달리 불꽃을 보호하는 원통형 유리가 있으니 웬만해서는 꺼지지 않는 것이 좋았고, 등잔불보다 훨씬 밝아서 좋았으며, 그 앞에 엎드려 숙제해도 머리카락이나 눈썹을 그슬리지 않아서 좋았다. 바람으로부터 불꽃을 보호하도록 하기 위해 만들어진 유리가 불꽃으로부터 우리 머리카락이나 눈썹도 보호해 주었다.

집에 전기가 들어온 날, 밤에도 이렇게 밝게 지낼 수 있다는 것이 신기하였다. 당시 우리 동네에 들어오는 전기는 일반선과 특선이 있었다. 특선은 밤새 들어오는 전기이고 일반선은 밤 9시엔가는 끊어지는 전기였다. 우리 집에 들어온 전기는 전기요금이 덜 드는 일반선이었다. 일찍 꺼져버리는 전기였지만 참으로 좋았다.

몇 년이 지난 후 우리 집에도 밤새 전기가 들어오게 되었지만, 전기요금 걱정에 밤늦게까지 공부하지 못하였다. 어머니는 "야, 전기요금 많이 나간다. 공부는 밝을 때 하고 일찍 자라"고 하셨다. 우리 어머니만 그러시지는 않았을 것이다. 비싼 전기요금에 전기를 아껴 써야 하는 그때 어머니들의 절박함이 묻어있는 말들이었다. 공부하기 싫어하는 아이들까지 이 학원 저 학원 보내며 밤이 늦도록 공부하는 것을 보아야 안심하는 요즘 어머니들은 이해할 수 없는 말일 것이다.

    이 글을 쓰고 있는 8평밖에 되지 않는 내 서재에는 16개의 형광등이 달려 있다. 전기요금 절약하려고 LED 등으로 모두 바꾼 것이기는 하지만 그래도 과하다는 생각을 한다. 그러면서도 16개의 등을 환하게 켜놓고 앉아있다. 전기요금을 걱정하던 옛날의 절박함이 사라졌기 때문이라는 생각을 하면서 좀 더 절약해야겠다고 다짐한다.

오히려 허름한 집이라
생명을 보존하였다.

참 신기하고 기적적인 일이 있다. 그것은 겨울철마다 우리 식구들이 연탄가스에 중독되곤 했으면서도 한 사람도 큰일을 당하지 않은 것이다. 시멘트를 얇게 바른 방바닥이 갈라져 연탄가스가 스미곤 했다. 방바닥 위에다 풀을 잔뜩 먹인 장판지를 붙이곤 했지만, 그것이 근본적인 해결책이 되진 못하였다. 얼마 지나면 장판지가 늘뜨고 갈라지기도 하여 이차 하고 장판지를 덧댈 기회를 놓쳐버리기라도 하면 그 사이로 연탄가스가 스며들곤 하였다. 날씨가 맑은 고기압 때는 괜찮았지만, 날씨가 흐린 저기압일 때는 연탄가스에 노출되곤 하였다. 연탄가스를 마시면 머리가 빠개질 듯이 아프고 구토를 하기도 하였다. 그러면 김칫국물을 한 사발씩 들이키는 것이 치료의 전부였다.

대한중석의 사택들은 거의 모두 일본강점기에 지은 그럴듯한 일본식 집이었다. 그러나 그 외의 거의 모든 집들은 산비탈이

나 개천가에 지은 허름한 판잣집들이었다. 우리 집도 개천가에 지은 집이었는데, 구들을 깔고 판자로 벽을 만들고 지붕은 기름 먹인 루핑이라는 것을 얹은 엉성한 집이었다. 판잣집이다 보니 바람이 잘 통하였다. 문을 닫고 있어도 방 안으로 바람이 들어온다. 판자 사이사이에 벌어진 틈이 있어서다. 한겨울에는 방바닥에 누우면 등은 따뜻하고 코는 시큰하였다. 자다가 마시려고 대접에 담아 윗목에 놓은 물이 꽁꽁 얼어붙곤 하였다. 아버지는 겨울이 되면 쌀가마니를 구해다가 집 전체를 에워싸셨다. 겨울바람이 방으로 들어오는 것을 조금이라도 막기 위해서였다. 그러나 개천가의 바람은 거세었다. 아무리 가마니를 둘러쳐도 방 안으로 겨울의 찬바람이 들어오곤 하였다. 바람이라도 부는 날이면 천장이 아래위로 내려왔다가 올라갔다가 하였다. 우리가 연탄가스에 여러 번 노출되었으면서도 살아남을 수 있었던 것은 우리 방을 자유롭게 드나드는 바람 때문이었다. 연탄가스가 방안에 스며들었다가도 바람과 함께 판자 사이의 엉성한 바람구멍을 통해 나가버리곤 했던 것 같다.

  그 시절, 방바닥이 갈라져 연탄가스가 스미곤 하던 판잣집에 사는 것은 힘들었다. 그러나 그 집이 바람이 자유로이 드나드는 허름한 집이었기에 또한 우리가 살 수 있었다. 지금은 흔적조차 사라지고 사진 한 장 남아있지 않은 집이지만 20여 년 동안 우리 일곱 식구의 보금자리가 되어준 그 판잣집이 새삼 고맙게 다가온다.

나무를 하면서

우리 집은 방이 두 칸이었다. 원래는 기다란 방 하나밖에 없었다. 한 방에서 부모님과 우리 다섯 형제가 마치 군대 내무반처럼 일렬로 잠을 잤었다. 5형제는 한 이불을 덮고 잤다. 아마 그 모습은 실로폰 같았을 것이다. 도, 레, 미, 파, 솔까지 있는 실로폰. 아들들이 자라다 보니 한방에서 지낼 수 없게 되었고 아버지는 손수 방을 하나 만들어 붙이셨다. 그 방은 기존의 방보다 30~40cm 정도 낮았다. 그래서 우리는 기존의 큰 방을 윗방, 새로 만든 방을 아랫방이라고 하였다. 윗방에는 연탄을 땠고 아랫방은 군불을 땠다. 두 방에 연탄을 때는 것이 금전적인 부담이 되었기 때문이다. 돈이 들지 않는다는 것은 군불을 땔 나무를 산에 가서 해 온다는 것을 전제로 하는 것이다.

내가 산에 올라가 나무를 하기 시작한 것은 4학년 때부터이다. 항상 바지런한 작은형이 나무를 하기 위해 낫을 들고 앞 산(장산, 해발 1408.8m)에 올라가서 나무를 할 때부터 나는 형을 따라다니며 조수 노릇을 하기 시작했다. 참나무, 싸리나무, 붉나무, 물푸레나무… 심지어 철쭉과 진달래나무도 우리 형제의 낫에 베이곤 하였다. 높은 곳은 그렇지 않았지만 낮은 쪽에는 굵은 나무가 없었다. 매년 베어버렸기 때문이다. 베어버린 그루터기에서 새싹이 나서 자라면 그것은 또 늦가을 우리 형제의 낫에 잘리곤 하였다.

형이 낫으로 나무를 베면 나는 물에 적신 새끼줄을 펴놓고 그 위에 베어 놓은 나무를 가져다 쌓았다. 웬만큼 쌓이면 두 형제가 새끼줄을 잡아당기며 묶었다. 묶은 나뭇단은 산 아래로 굴렸다. 이것이 무슨 말인지 쉽게 이해할 사람은 많지 않을 것이다. 나무를 했으면 지게로 나르거나 수레 같은 것으로 나를 것이라고 생각하는 것이 보통 상식이겠기 때문이다. 그러나 우리 동네 산은 지게를 질 수 없는 산이었다. 경사가 가파르기 때문이다. 나뭇단을 단단히 묶어 아래로 굴리면 웬만한 나무들이 우두둑우두둑 소리를 내며 부러지면서 길을 내주곤 하였다.

그런데 나뭇단을 묶는 것과 굴리는 것에도 기술이 있어야 했다. 나무들을 서로 어긋나게 하면서 무게와 부피를 양쪽에 균등하게 묶지 않으면 이 나뭇단이 한쪽 방향으로 굴러서 어떨 때는 아랫동네로, 어떤 때는 윗동네로 가기도 하였다. 그러면 개천가에 떨어진 그 나뭇단을 좀 더 먼 거리까지 운반하는 수고를 하여야만 하였다.

그것보다 더 난감하고 어려운 것은 굴러 내려가던 나뭇단이 끝이 뾰족한 나무 그루터기 같은 것에 걸려서 탁 소리를 내며 터지는 것이었다. 요즘 흔한 고무 바나 마닐라 삼으로 만든 밧줄같이 튼튼한 줄이 귀한 때였다. 우리가 주로 쓸 수 있는 줄은 쌀집에서 얻어 온 약한 새끼줄밖에 없었기에 나뭇단은 수시로 터졌다. 나뭇단이 터지면 우리는 다람쥐같이 내려가서 흩어진 나무를 모으고 끊어진 새끼줄을 이어서 또다시 묶어 굴리곤 하였다.

나무를 해서 집 마당에 들여놓을 때는 정말 행복하였다. 내가 산에서 나무를 베어 와서 식구들이 추운 겨울을 따뜻하게 지낼 수 있다고 생각하면 스스로 대견하고 뿌듯하기도 하였다. 그러나 한편으로는 늦가을마다 앞산을 벌거숭이로 만들어버리는 일이 쇠스럽기도 하였다.

가끔 상동에 갈 때면, 우리가 다니던 교회 언덕에서 우리 형제가 나무를 베던 산을 건너다보며 놀란다. 저렇게 가파르고 험한 산을 10살짜리 꼬마가, 그것도 미끌미끌한 검정 고무신을 신고 다녔다고 생각할 때마다 아찔한 생각이 든다. 지금은 좋은 등산화에 맨몸에 등산스틱을 잡고도 올라갈 수 없을 것 같다.

그리고 그 산을 볼 때마다 경이로운 생각이 든다. 해마다 우리 형제들 때문에 벌거숭이가 되곤 하던 우리 집 개울 건너 장산

자락이 지금은 웅장한 나무들로 울창하다. 사람이 떠난 뒤에야 산은 비로소 평화를 얻은 것이다. 산에 죄를 많이 지었다. 얼어 죽지 않기 위해 할 수 없이 앞산의 나무를 베곤 하였지만, 어린 마음에도 나무와 산에 죄를 짓는다는 죄책감이 마음 한편에 있었다.

30년 전 화정교회에 부임하였을 때 제일 먼저 한 일이 교회 마당에 나무를 심는 일이었다. 어쩌면 어린 시절 산에서 마구 나무를 베어 낸 일에 대한 사죄의 마음이 그런 행동을 하게 하였는지 모르겠다. 부임 이듬해에 심은 1년생 느티나무와 신나무는 지금 화정교회 마당에 아름드리나무로 우뚝 서서 좋은 그늘을 만들어주고 있다.

어렸을 때부터 나에게 늘 산 이야기와 나무 이야기를 들으며 자란 딸이 산림자원학과에 진학하였고 지금은 국립산림과학원에 다니며 숲 생태계 복원과 관계된 일을 하고 있다. 딸은 장차 남북통일이 된 후 헐벗은 북한의 산을 녹화하려는 꿈을 가지고 있다. 아버지가 산에 지은 잘못을 딸이 대신 갚고 있는 것 같아 고마운 마음이다.

이자

　큰형이 연세대학교 건축과에 합격하였을 때만 해도 우리 가족은 한껏 꿈에 부풀었었다. 당시 일류 대학을 나온다는 것은 미래가 보장되는 것으로 알고 있던 때였기 때문이다. 게다가 상동 중·고등학교 이사장인 상동광업 소장이 상동고등학교를 졸업하고 일류대학에 합격하는 학생에게는 4년 전액 장학금을 준다고 약속하였기 때문이다. 대학입학 예비고사에 합격하는 학생도 몇 명 되지 않는 산골 학교에서 연세대학교 건축과에 합격하였다는 것은 서울의 학생이 서울공대 수석 합격한 것보다 더 대단한 일이었다. 그런데 막상 연세대에 합격하고 나니 장학금은 서울대에 합격한 사람만 준다고 하는 것이었다. 그때부터 우리 집은 고난의 행군이 시작된다.

　어머니는 어렵사리 형의 입학금 8만 원을 꾸었다. 5부 이자, 즉 한 달에 4,000원씩 이자를 갚아야 하는 빚이었다. 일 년 이자가 원금의 60%이니 그것이 얼마나 무서운 빚인가를 알 수 있다. 그 빚은 형이 학교를 졸업할 때까지 갚지 못하다가 나중에 갚았는데, 빚을 갚은 후에 계산해보니 이자만 해도 원금의 몇 배가 되었다.

요즘 사채업자에게 돈을 꾸었다가 어려움을 겪는 사람들이 많이 있다는 얘기를 듣는다. 사람들은 무자비한 사채업자를 욕한다. 사채업자는 부도덕하고 돈만 아는 악한 자라는 인식이 사람들 마음에 각인되어 있다. 그런데 그 사채업자가 어느 날 갑자기 생긴 건 아닌 것 같다. 그 옛날 우리 어머니에게 8만 원을 꾸어준 우리 이웃도 엄밀히 따지면 사채업자 아닌가. 사채업자라는 이름만 없었지 옛날 우리가 가난한 시절에 5부 이자로 돈을 꾸어주는 사람들이 있었다. 돈이 급한 사람은 그 돈을 꿀 수밖에 없는 절박함이 있었다.

5부 이자 사채를 얻을 수 있어서 형은 대학 입학금을 내고 학교에 다닐 수 있었지만, 그 8만 원에 대한 이자를 다달이 4,000원씩 갚아야 하는 어머니의 고생은 지금 생각해도 너무 처절한 것이었다. 게다가 형이 장학금도 받고 아르바이트도 하였지만 조금씩 모자라곤 하던 등록금을 마련하기 위해 학기 때마다 조금씩 더 이잣돈을 써야 했으니 그것을 혼자 떠맡아야 했던 어머니는 몸도 고생이지만 그 마음고생이 얼마나 컸을까.

나는 주변 사람들에게 혹시라도 남에게 돈을 꾸어줄 일이 있으면 절대로 이자 받지 말고 꾸어주라고 권한다. 꾸는 사람은 꾸어야 할 만큼 어려운 사람이고 꾸어주는 사람은 그만큼 사정이 좀 더 나은 사람인데, 조금이라도 여유가 있는 사람이 베풀어야 한다는 생각 때문이기도 하지만 그보다는 우리 가정이 8만 원에 대한 5부 이자를 매달 물어야 했던 가슴 아픈 경험의 영향이 더 큰 것 같다.

　이런 엉뚱한 생각을 해 본다. "그때 우리 어머니에게 8만 원을 꾸어준 이웃집 아주머니가 이자를 받지 않았다면 우리 어머니가 고생을 좀 덜 하셨을 것이고 우리 집이 좀 더 일찍 폈을 수 있었을 텐데" 하고 말이다. 돈이 주인인 자본주의 사회에서 있을 수 없는 일을 혼자 꿈꿔보는 몽상가의 생각으로 치부되겠지만, 나의 그런 생각은 진심으로 하는 것이다. 아직 내 집도 마련하지 못하고 통장에는 현금도 몇 푼 없는 처지이지만, 혹시라도 내가 남에게 돈을 꾸어 줄 형편이 된다면 절대로 이자는 받지 않을 것이다.

그래도
개구멍이 있어서…

동네 사람들은 우리 집을 향해 "저 집은 아들은 많고 돈이 없는데 아이들 중학교나 보낼 수 있으려나" 하고 말하였다. 그러나 결론부터 말하면, 5형제 중 4명이 4년제 대학을 졸업하였다. 기적 같은 이야기지만 순전히 아들들을 위해 희생하신 어머님을 불쌍히 보신 주님의 은혜라 생각한다. 다섯 아들을 먹이시랴 등록금 마련하시랴 어머니는 밤잠도 제대로 주무시지 못하고 밥도 제대로 드시지 못하시며 일하셨다. 그러나 아무리 열심히 일하셔도 한계가 있는 노릇이었다.

중학교를 졸업하고 고등학교에 입학하였을 때, 큰형은 이미 대학생이 되어 있었고 작은형은 고3이었다. 중학교 때는 근근이 등록금을 냈는데, 고등학교에 입학하면서부터 등록금을 제때 낼 수가 없었다. 납부기한이 지나도 등록금을 내지 못한 학생들은 학생과장 선생님에게 불려가서 닦달을 받았다. 그래도 등록금을 내지 않으면 담임 선생님이 집으로 돌려보냈다. 집에 가서 등록금을 가져오라는 뜻이었는지는 모르겠지만, 등록금을 내지 못한 것도 서러운데 학교에서 쫓겨나기까지 하면 참담하다.

등록금을 내지 못하여 미루고 미루다 더 이상 미룰 수 없게 된 어느 날, 담임선생님이 나와 다른 친구 한 사람을 불러내셨다. "애들아 형편이 어려워서 못 내는 것은 알겠는데 학교 방침이 이러니 어떡하냐, 책가방 싸서 집으로 가라"고 하셨다. 친구와 함께 학교 문을 나서는 마음은 참담하기 그지없었다. 그대로 집으로 가면 또 어머니가 얼마나 가슴 아파하실까 하는 생각에 도저히 집으로 갈 수 없었다.

학교정문을 바라보고 왼쪽으로 빙 돌아가다 보면 철조망을 뚫어 만든 개구멍이 있었다. 학생들이 수업 시간 땡땡이치고 밖으로 나가기 위해 만든 구멍인데 우리는 그 구멍을 개구멍이라 하였다. 그 개구멍으로 다시 학교에 들어가 교실에 가서 앉았다 마침 담임선생님이 가르치시는 화학 시간이 되었는데 교실에 들어오신 선생님은 고개를 푹 숙이고 눈치 보며 앉아있는 나를 물끄러미 보시더니 아무 말씀 없이 수업을 하셨다. 그때 만일 담임선생님이 "너 이 녀석 집에 가라고 했는데 왜 다시 와 앉았어" 하고 야단이라도 치셨다면 나는 어떻게 되었을까? 제자의 마음을 헤아리시고 눈감아 주신 담임선생님이 고마웠다.

장학금

　공부를 열심히 한다고 하는 데도 학기말이나 학년말 시험에서 전교 1등을 한 번도 하지 못하였다. 대학 입학 모의고사를 치면 전교 1등인데 이상하게도 생활기록부에 기록되는 시험에는 1등을 하지 못하였다. 그래서 고등학교 1학년 때는 전 학년에서 1명에게 주는 장학금을 받지 못하였다. 그 장학금은 교회친구이기도 한 오명동이 받았다.

　그런데 마침 내게 기회가 왔다. 2학년이 되던 해에 '평안도 민회 장학금'이 생긴 것이다. 상동에는 평안도에서 월남하신 분들이 많았고 학교에서 공부 잘하는 학생들은 거의 다 평안도 사람들의 자녀들이었다. 상동에 사는 평안도 출신 어른들이 돈을 모아 평안도 출신의 자녀 중 고등학생 1명에게 전액 장학금을 준다고 하였다. 1학기 첫 시험에서 가장 성적이 좋은 사람을 한 사람 뽑아 주는 것인데, 시험 결과가 하필이면 한 교회에 다니던

1년 후배인 1학년 김상현과 과목평균 뿐 아니라 총점이 똑같이 되었다. 학생과장 선생님이 우리 둘을 부르셨다. 총점이 같으니 학생과장님이 둘 중의 하나를 택해야 하는 상황이었다. "얘들아, 이거 난감하다. 어쩌면 너희들 학년도 다른데 어떻게 총점이 1점도 차이가 나지 않고 똑같냐, 한 사람밖에 줄 수 없는데 어떡하지?' 하고 말씀하셨다. 그러자 상현이가 "선생님, 저는 아버지가 콩나물공장을 하시니까 학비 낼 수 있습니다. 인환이 형은 장학금 없이는 다닐 수 없는 형편이니 인환이 형에게 주세요." 하고 말씀드렸다. 그렇게 시원하게 말해 준 상현이에게 고마웠다.

나와 같은 학년에서 학기말, 학년말고사 1등을 하던 오명동은 지금 안성지방 공도교회 목사로, 학년은 다르지만 점수가 같았던 김상현은 부평동지방 부광교회 목사로, 어렵사리 장학금을 받아 고등학교를 마칠 수 있었던 나는 안산지방 화정교회의 목사로 살고 있다. 한 학교를 다녔을 뿐 아니라 한 교회(상동제일교회)에서 자란 세 사람이 기독교대한감리회 안에서 각자가 받은 달란트대로 충성하며 살고 있다는 것이 감사하고 자랑스럽다.

2학년을 마치고 3학년이 될 때에 장학생을 다시 선발하게 되었다. 역시 학기 첫 시험성적에 따라서 장학생이 결정되는 것이었다. 그런데 또 위기가 찾아왔다. 장학금 수여를 위해 학교에서 요구하는 기본점수가 있었는데, 총점 1점이 모자라는 바람에 기준 평균점수에 도달하지 못하였다.

사실 제대로 되었다면 기본평균점수를 충족시키고도 총점에서 3점이 남는 것이었다. 지리 시험지를 되돌려 받았는데, 92점이었다. 제대로 채점하면 96점인데 선생님이 내가 정답을 쓴 4점짜리 문제 하나를 틀린 것으로 채점하셨다. 그래서 어렵사리 지리 선생님께 찾아가 "선생님, 저는 96점인데 한 문제 잘못 채점하셔서 92점이 되었습니다" 했더니 그때 개똥철학 좀 한다고 하시던 지리 선생님이 "야, 그까짓 점수가 뭐라고 따지냐, 4점 더 받으면 어떻고 덜 받으면 어떠냐?" 하면서 뭉개버리시는 것이었다. "저 장학금이 걸려 있는 문제입니다" 하고 말씀드리지 못하였다. 더 이상 점수를 따지면 점수에 연연하는 치사한 학생이 될 것이었기 때문이었다. 결국 전 과목을 합쳐서 평균을 내니 장학금수여를 위한 기준점수에서 영점 몇이 모자랐다. 장학금은 물 건너 간 듯하였다.

본디 내성적이고 자기표현에 서툰지라 혼자 고민하였다. 그러나 급하면 용기를 내게 되는 법. 겨우 용기를 내어서 밤에 담임선생님 댁으로 찾아갔다. 그리고 자초지종을 말씀드리며 억울하다고 하였다. 선생님이 한참 뜸을 들이시더니 "네가 억울하게 4점 잃어버린 것을 내가 믿는데, 지리 선생님이 내게 넘겨준 점수는 92점이니까 나는 그것을 기록하는 것이 맞는 것이거든. 지리 선생님이 고쳐주신다면 몰라도 내가 점수 고치는 것은 불법이야. 그럼 너, 나하고 약속 하나 하자. 내가 4점 보태는 것은 안 되고 1점만 올릴게. 그러면 장학금 받을 기준 점수가 된다. 장학금 받을 수 있어. 이 일은 이제 죽을 때까지 너하고 나하고만 아는 비밀이다. 알겠냐"하셨다. 그때 "예, 그렇게 하겠습니다." 하고 약속을 하였는데 오늘 이 글을 쓰면서 선생님과의 약속을 깨버리게 되었다.

그때 담임 선생님이셨던 이은영 선생님이 아니었다면 나는 고등학교를 더 이상 다닐 수 없었을 것이다. 내게는 은인과도 같은 선생님께 연락도 제대로 드리지 못하고 살고 있어 죄송한 마음이다. 2년 동안 장학금을 받음으로써 겨우 고등학교를 마칠 수 있었다. 아슬아슬하였다. 생각해보니 장학금 받는 일뿐 아니라 지나온 모든 삶의 족적들이 아슬아슬하였던 것 같다. 교만하지 않게 하시려는 하나님의 은총이 아니겠는가?

주님, 도와주세요.
아멘.

04

땅의 사람들
(암하아렛츠)

"가난한 자와 부한 자가
함께 살거니와
그 모두를 지으신 이는 여호와시니라."

(잠언 22:2)

옥수형

상동 골짜기의 주류(갑)는 상동광업소에 다니는 종업원과 상업하는 사람들이었다. 상동광업소 종업원이 받는 월급이 당시 중고등학교 교사의 월급의 3배나 될 정도였으니 상동광업소 종업원은 상동골짜기에서는 가히 특권층이라고 할 수 있었다. 상업하는 사람들은 대부분 평안도에서 월남한 사람들이었는데 돈을 잘 버는 부자들이었다.

우리 동네는 '시장 동네' 또는 '저잣거리'로 불렸다. 시장이 형성되어 있는 동네였기 때문이다. 시장 동네라고 하여 장사하는 사람들만 사는 게 아니었다. 지게질하며 겨우 입에 풀칠하는 사람, 가끔 생기는 공사판에서 막노동하는 사람, 동네 공중변소 청소를 하면서 동네 사람들이 1년에 몇 원씩 갹출해 모아 주는 돈으로 사는 사람 … 온갖 가난한 사람들이 많이 모여 사는 동네였다.

팔도 각 처에서 먹고 살길을 찾아 온 가난한 사람 중 어떤 사람들은 운 좋게 광업소에 취직이 되기도 하였지만, 직업을 갖지 못하고 노는 사람들도 많았다. 아직도 이상한 일로 기억하는 것 중의 하나는 그들 중에 아들이나 딸 하나만 데리고 왔다가 얼마 지나지 않아 이사가버리는 홀아비가 많았다는 것이다.

옥수형도 그런 경우였다. 어느 날 아버지와 단둘이 우리 동네로 이사 왔다. 어쩐 일인지는 모르지만 옥수형 아버지는 집을 자주 비웠다. 옥수형은 아버지가 없는 집에서 며칠씩 혼자 지내곤 하였다. 굶는 날도 많은 것 같았다. 그런데 그 형은 재미있는 형이었다. 그의 몸짓 하나 이야기 한마디가 모두 재미있었다. 우리가 재미있어하면 더 열심히 우리를 웃겨주려 하곤 하였다.

한낮의 햇볕에 지붕의 눈이 녹기 시작하는 초봄 어느 날이었다. 녹아내리던 눈이 밤새 얼어 처마에는 우리 키만큼 긴 고드름이 날렸었다. 아버지가 집을 비워 며칠째 혼자 지내던 옥수형이 우리 앞에서 고드름을 따서 먹으며 "야, 고드름 맛있다."며 객기를 부렸다. 분명히 맛이 없는 고드름인데 고드름을 따먹으며 맛있다고 하는 옥수형의 말과 행동에 까르르 웃었다. 우리는 차가워서 만지지도 못하는 고드름을 우걱우걱 씹어 먹는 옥수형이 대단하게 보였다. 옥수형은 "너희들은 이거 못 먹지, 난 먹을 수 있어." 하며 계속 고드름을 따 먹다가 나중에는 "야, 고드름 먹었더니 배부르다."라고 하였다.

그날밤 옥수형의 통곡과 비명이 동네를 진동하였다. "아이고 배야, 나 죽네, 살려줘요…" 낮에 우리 앞에서 따먹은 고드름 때문에 탈이 난 것이었다. 며칠째 밥을 제대로 먹지 못하다가 차디찬 고드름으로 배를 채웠으니 탈이 난 것은 당연한 일이었을 게다. 더구나 아직 따뜻한 봄이 되려면 멀었던 때에 군불도 지피지 않은 냉방에서 홀로 잠을 잤으니 말이다.

옆집 아주머니가 물을 데워 먹이고 하면서 옥수형의 비명은 그쳤다. 날이 새자 마침 며칠째 집을 비웠던 옥수형의 아버지가 돌아왔다. 그는 옆집 아주머니의 호된 꾸지람을 듣고 그날로 옥수형을 데리고 어딘가로 가 버렸다. 얼굴이 동그랗고 옷은 남루하게 입었고 항상 배고팠지만, 동네 꼬마들 웃겨주는 재미에 자기 몸 상하는 줄도 몰랐던 옥수형을 기억할 때마다 아들을 방치하며 무책임했던 그의 아버지가 생각난다. 요즘도 자식을 방치하는 철없는 부모들이 있다는 얘기를 들을 때마다 50년도 훨씬 전에 만났던 불쌍한 옥수형이 떠오른다. 또 한 가지 드는 생각은, 사람들 웃겨주는 재주만 가지고도 돈 많이 벌고 잘 살 수 있는 요즘 같은 시대에 옥수형이 태어났다면 전국을 떠들썩하게 만드는 예능인이 되었을지도 모른다. 이건 어디까지나 내 생각이다.

내가 처음 본 빨갱이

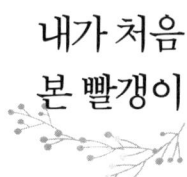

"홍난이 아재가 왔대"
"그래?" 동네 어른들이 수군대는 소리가 심상치 않았다.
우리 집에서 두 집 건너 홍난이 할머니는 늙은 노총각 아들과 함께 살고 있었다. 할머니의 아들은 연탄배달을 하고 있었는데 도수가 높은 두꺼운 안경을 쓰고 있어서 동네 사람들은 그를 '메가네쟁이'(메가네는 안경의 일본말)로 불렀다.

한 번도 홍난이라는 사람을 본 적이 없는데 홍난이 할머니라고 하니 그 홍난이라는 사람이 누군가 궁금하기도 하였다. 나중에 알게 되었지만, 홍난이 할머니에게는 아들 삼형제가 있었다. 홍난이는 그 할머니의 손녀딸(큰아들의 딸)이었고 연탄배달을 하며 어머니와 함께 사는 아들은 셋째아들, 그리고 동네 어른들이 그의 나타남을 보고 수군거리던 '홍난이 아재'는 둘째아들이었던 것 같다. 자세한 가족 상황은 알 수 없었다. 홍난이 아재가 왔다면서 어른들이 수군거리는 이유가 있었다. 그것은 홍난이 아재가 빨갱이였기 때문이다. 어른들 말씀에 의하면 그가 빨갱이 짓을 하다가 붙잡혀 감옥에서 오래 복역하였다는 것이다.

빨갱이가 우리 동네에 왔다는 얘기를 듣고 동네 꼬마들까지도 술렁였다. 큰일 난 줄 알았다. 머리에는 도깨비 같은 뿔이 있고 얼굴은 빨간 줄 알았다. 그런데 정작 우리 앞에 나타난 홍난이 아재는 얼굴이 하얗고 얼굴에는 항상 미소를 띤 인자한 아저씨의 모습이었다. 나는 그 모습이 더 충격이었다. 그때까지 짐작해오던 빨갱이와는 전혀 다른 모습이었기 때문이었다. 홍난이 아재는 몸이 아프다고 하였다. 감옥에서 많이 두들겨 맞아서 병이 들었기 때문이라고 하였다.

동네 어른들은 홍난이 아재를 피하는 것 같았다. 직장이 없으니 출근할 데도 없고, 동네 어른들은 자기를 없는 사람 취급하니 친구도 없었을 홍난이 아재는 심심했을 것이다. 어느 날 우리가 놀고 있는 것을 잔잔한 미소로 바라보더니 무언가 코치를 해주셨다. 지금은 기억나지 않는 내용이지만 그때에는 홍난이 아재가 유식한 사람인 것 같다고 생각하였다. 동네 어른들도 많이 배운 사람인데 그만 빨갱이가 되어서 인생을 망쳤다고 하였다.

우리가 노는 것을 곁에서 보며 미소 짓곤 하던 홍난이 아재는 어머니가 계신 집으로 돌아온 지 얼마 되지 않아 돌아가셨다. 며칠간 밖에 나오지 못하고 앓기 시작하자 그의 어머니인 홍난이 할머니는 아들을 살려보겠다고 이런저런 민간요법을 다하였다. 병원 갈 능력이 없었을 뿐 아니라, 온 동네 사람들이 돌팔이 의사일 때라 이런저런 처방을 많이 코치하였다. "이것 해다가 먹여라. 저것 해다 먹이면 낫는다…" 선무당이 사람 잡는다는 말이 있는데 그 옛날 우리 동네 어른들을 두고 하는 말 같다. 어느 날 선인장 물을 먹이면 낫는다는 누군가의 조언에 홍난이 할머니는 선인장을 구해다가 정성껏 짜서 한 사발을 먹게 하였는데, 그날 밤 홍난이 아재는 숨을 거두었다. 그가 죽자 동네 어른들은 선인장 물을 먹어서 죽었다고 수군거렸다. 병이 깊어 죽을 때가 되어 죽었는지 아니면 좀 더 살 수 있었는데 선인장 물이 독해서 죽었는지는 알 길이 없다. 분명한 것은 선인장 물을 먹이면 낫는다고 한 사람도 동네 어른 누군가이고, 선인장 물을 먹어서 죽었다고 말한 사람들도 동네 어른들이었다는 사실이다.

 홍난이 아재가 돌아가신 후 몇 달 지난 어느 날, 한밤중에 홍난이 할머니 집으로부터 울음소리가 들려왔다. 어린 나이에 가출하여 몇 년 동안 행방을 모르던 홍난이가 와서 할머니와 부둥켜안고 우는 것이라 하였다. 그 밤이 지난 후 동네 아주머니들이 수군거리는 소리를 들었다. "홍난이가 서울에서 기생이 됐대," "쯧쯧… 어린 나이에 얼마나 고생이 많았겠나…." 어떤 아주머니는 뒤에서 흉을 보고 어떤 아주머니는 가엾다고 하며 안타까워했다. 이미 홍난이는 날이 밝자마자 다시 할머니 품을 떠나간 터였다. 지금 생각해보니 홍난이는 자신의 한심한 처지를 생각하고 동네 사람들과 마주치게 될 것이 무서워서 그랬을 것 같다.

해방 후 좌우 이념 갈등과 분단, 그리고 한국전쟁 와중에 가정이 풍비박산 나고 식구들이 뿔뿔이 흩어져 무너진 가정들이 많았던 것 같다. 홍난이네도 그런 경우가 아니었을까 생각한다. 어린 홍난이는 그 와중에서 꽃 같은 청춘을 잃어버린 피해자 중의 하나였다. 신학대학에 들어가 자연법이라는 것을 배웠다. 아리스토텔레스는 '자연의 정의'와 '법의 정의'가 언제나 일치하지는 않으며, 자연의 정의는 어느 곳에서나 똑같은 효력을 가지는 것이지, 사람들이 어떻게 생각하느냐에 따라 달라지는 것이 아니라고 하였다. 자연법에 관한 강의를 들으면서 깨달은 것은, 국가와 이념의 이름으로 죄의식 없이 가정들을 파괴해 온 질서가 얼마나 악한 것이냐 하는 것이다. 어떠한 국가나 권력도 하나님이 만드신 최초의 질서인 가정을 파괴할 권리는 없다는 것을 늦게나마 깨달았으니 나로서는 다행한 일이다.

그런데 남북이 분단된 지 70년도 더 지난 오늘까지도 자기들의 기득권을 지키기 위해 분단을 구실삼아 이념의 이름으로 사람들을 괴롭히며 역사를 거스르려는 무리들이 준동하고 있으니 서글픈 일이다. 50년도 훨씬 더 지난 오늘도 홍난이 아재의 쓸쓸한 모습이 기억나고, 할머니와 손녀딸이 부둥켜안고 통곡을 하던 소리가 들리는 듯하다.

지게와 리어카

내가 초등학생이었던 1960년대의 상동은 대한중석광산 소재지로서 활기가 넘치던 곳이었다. 찻길이라고는 비포장도로 외길밖에 없는 곳이지만, 좁다랗고 긴 골짜기에 2만 명이 넘는 사람들이 살고 있었다. 골짜기의 사람들이 외부와 소통하는 유일한 장소가 우리 집 뒤에 있는 차부였다. 매일 영월과 제천으로 드나드는 버스가 세 대, 대구로 왕복하는 버스가 한 대 있었다. 저녁때가 되어 버스가 들어오는 시간이면 차부에는 지게꾼들이 모여들었다. 버스에 실려 온 짐과 부자들이 사는 텃골의 주부들이 시장에 와서 산 물건들을 날라다 주고 조금씩 받는 품삯으로 겨우 연명하며 살던 가난한 사람들이었다. 하루 동안 들어오는 버스가 네 대 밖에 없었고 시장에서 지어낼 짐들이 그리 많지 않아도 그 많은 지게꾼이 먹고 살 수 있었던 것은 한 사람이 지게에 질 수 있는 짐이 많지 않았기 때문이다.

그런데 어느 날, 얼마 전 어디에선가 이사 와서 가게를 차리고 있던 젊은 아저씨가 차부에 리어카를 끌고 나타났다. 읍내에 가게가 많이 있었는데, 그 아저씨는 어느 가게 주인보다도 부지런하였다. 동네 사람들은 이구동성으로 "참 부지런하다." "성실하다."며 칭찬을 하였다. 그런데 아직 초등학생이었던 나의 눈에는 그 아저씨의 모습이 별로 좋아 보이지 않았다. 그것은 그 아저씨가 돈 벌기 위해 하는 행동이 공정치 않아 보였기 때문이다. 읍내에 가게를 차릴 정도면 돈도 좀 가지고 있었을 텐데, 돈이 되는 일이면 무엇이든 하는 듯하였다. 공사장에서의 막노동, 초등학교 운동회 때는 학교 앞에 천막을 치고 원정 장사, 심지어 설날 새벽에 온 동네의 집 문 앞에 복조리를 갖다 놓고는 해가 뜬 후에 수금해가는 일도 하였다.

  그 아저씨가 떡하니 리어카를 버스 앞에 세워놓고 지게꾼들이 지고 가야 할 짐을 싣고 있었다. 지게꾼 대여섯 사람이 지고 가야 할 짐을 리어카 한 대로 옮길 수 있으니 요금은 당연히 적게 불렀을 테고 손님들은 자연스레 리어카에 짐을 싣게 된 것이다. 지게는 리어카의 경쟁상대가 되지 못했다. 결국 지게 하나 가지고 입에 풀칠이라도 하던 지게꾼들은 하나둘씩 실업자가 되었다. 그러자 동네 사람들이 "먹고살 만한 사람이 너무 하네. 지게꾼도 먹고살아야지…"라며 혀를 찼다.

  나는 지금도 그 아저씨가 입에 거품 물고 헉헉대며 리어카를 끌고 뛰어다니던 모습을 기억한다. 그는 오직 앞만 보고 뛰는 사람이었다. 주변 사람 시선 의식하지 않고 자기보다 어려운 사람 배려하지 않고 그저 돈 되는 일이면 뭐든 하던 사람이었다. 동네 어른들의 말로는 돈을 많이 모았다고 했다. 쓰기 위해 버는 돈일 테지만, 그 아저씨의 손에 들어간 돈은 나오지 않는다는 얘기도 돌았다.

몇 년 전, 고향 동네에 갔다가 어느 가게에 음료수를 사러 들어갔다. 가게 주인은 행색이 초라해 보이는 노인이었다. 1초도 되지 않아 한눈에 알아보았다. 50여 년 전 거품 물고 헉헉대며 리어카를 끌던 그 아저씨였다. 사는 사람도 많지 않아 옛날처럼 장사도 잘 안 되는 폐광촌에서 여전히 가게를 하고 있었다. 그의 모습이 마치 남은 부스러기마저 챙기려는 것 같다는 생각이 들자 갑자기 불쌍해 보였다. 한 사람의 생활을 남이 함부로 평가해서는 안 될 일이지만, 그 아저씨가 돈 벌기 위해 뛰어다니던 그 모습과 표정이 나에게는 너무 부정적으로 강하게 각인되어 있었나 보다.

어른이 되어서 보니 남이야 어떻든 자기만 벌면 되고 자기 배만 불리면 된다는 식으로 존재하는 사람들이 많다는 것을 알게 되었다. 자기가 힘을 가지고 있다고 해서 약한 자들의 몫마저 빼앗아버리는 것이 오늘의 풍조가 되어버렸다.

우리 교회는 전도하지 않는다. 엄밀히 말하면 '우리 교회에 오라고 잡아끌지 않는다'는 말이다. 목사가 많아지고 교회도 많아졌다. 교회도 경쟁하는 시대가 되어버렸다. 세상 사람들이 어떻게 바라볼까 또는 우리 주님이라면 어떻게 하실까 하는 것은 생각하지 않고 자기들만의 방식으로 입에 거품 문 사람처럼 전도하는 교회가 있다. 전도는 그리스도의 도를 전하는 것인데 그것보다는 자기 교회에 모셔 들이기 운동을 하는 경우가 더 많은 것 같다. 오늘 교회들의 무분별한 활동을 보면서, 교회가 마치 50여 년 전의 리어카 아저씨랑 비슷하다고 생각하는 것은 나만의 불경함일까?

아픔으로 기억되는 친구 상묵이

내 기억에 있는 최초의 친구는 상묵이다. 원효로 생활을 마치고 상동으로 다시 돌아오게 되었다. 새로 살게 된 개천가의 판잣집으로 갔는데 바로 윗집의 한 아이가 코를 찔찔 흘리며 "어, 인환이 왔네" 하였다. 나는 누군지 도무지 생각이 나지 않는데 그 아이는 나를 알아보는 것이었다. 내가 서울로 떠나기 전 같이 놀던 친구였는데 나는 그를 기억하지 못하였지만, 나보다 한 살 많은 그는 거의 1년 만에 다시 나타난 나를 알아보았다. 초등학교에 같이 입학하여 6년 동안 같이 다녔다. 상묵이네 집은 아주 어려웠다. 형 둘과 누나 둘이 있었는데 집이 가난하다 보니 모두 초등학교만 졸업하고 더 이상 학교에 다니지 못하였다. 내가 고등학교 다닐 때 상묵이네는 송탄으로 이사 갔다.

우리 집도 상묵이네처럼 경제적으로 어려웠지만 그래도 서울에서 잘 사는 고모님이 계셔서 이러저런 도움을 가끔 받을 수 있었다. 또 사촌들이 모두 공부를 잘하였던 것이 항상 우리 형제들에게는 자극이 되었던 것 같다. 그 어려운 가운데서도 모두들 열심히 공부하여 모두 고등교육을 마쳤다.

상묵이를 생각할 때마다 4학년 때의 아픈 기억이 떠오른다. 그날 아침에 집에 먹을 것이 없어 멍하니 앉아있는데 상묵이 어머니가 양조장에 가서 얻어 온 것이라며, 사카린을 가미한 술지게미를 한 그릇 가져오셨다. 냄새가 구수해서 맛있는 줄 알고 한 숟갈을 입에 넣었더니 역한 술 냄새가 나는 것이 영 먹을 수 없었다. 한 숟갈만 겨우 먹고 학교에 갔다. 상묵이는 나와 같은 반이었다. 그때만 해도 친구들보다 키가 컸던 나는 항상 맨 뒷자리에 앉았고 키가 작은 상묵이는 앞자리에 앉아있었다. 첫 시간이 시작되자마자 담임이신 오○○ 선생님이 상묵이를 불러내셨다. "임상묵, 너 술 먹었지" 그러고 보니 상묵이 얼굴이 벌게져 있었다. 이 친구는 배고픈 김에 술지게미를 제대로 먹고 온 모양이었다. 선생님의 갑작스런 물음에 당황한 상묵이가 "아니래요, 술 안 먹었어요" ('아니래요'는 '아닙니다'의 강원도 사투리. 강원도 말에 '아니드래요'라는 말은 없다. TV 연속극에서 강원도 사투리를 엉터리로 쓰는 것을 볼 때마다 강원도 촌놈인 나는 화난다) 하고 대답하였다. 그러자 선생님은 "이 놈, 쬐그만 놈이 벌써부터 술 먹고 다니면 안 돼. 오늘은 봐준다. 다시는 술 먹지 마!"라며 꾸짖으시는 거였다. 그러자 상묵이가 교실이 떠나가도록 큰 소리로 통곡하기 시작하였다. 배고파서 술지게미 먹고 온 것만도 서러운데 선생님이 술 먹었다고 야단을 치시니 그 서러움이 얼마나 컸을까. 나는 고개를 들지 못하고 조마조마하였다. 나도 술지게미를 먹고 왔는데 걸리면 어떡하나하는 불안감 때문이었다. 돌이켜보니 그 선생님이 너무 무심하였다. 무심하다 보면 자기도 모르게 잔인한 행동을 할 수 있다는 것을 그 경험을 통하여 깨달았다. 그때는 대한민국의 수많은 국민이 굶주리던 어려운 시기였다. 선생님이 조금만이라도 아이를 생각하였다면 어린 제자를 음주 혐의자로 만들지 않았을 것이다.(기억을 더듬어 보면 1960년대에 우리가 다니던 초등학교에는 일본강점기의 찌꺼기로 무장한 무식한 교사들이 많았다.) 억울하기도 하고 서럽기도 하여 꺼이꺼이 울던 상묵이의 울음은, 국민소득 2만 불이네, 3만 불이네 하는 21세기 오늘도 의식주 문제조차 해결하기 힘든 소외계층의 울음으로 계속되고 있는 듯하다.

친구의
합격증

6학년 1학기까지는 중학교 입학시험에 합격할 만한 성적이 되지 못하였다. 2학기에 갑자기 성적이 오르더니 상위권에 진입하고 심지어 반에서는 "쟤가 중학교 입학시험에 1등 할 수도 있겠다"라는 말까지 돌았다. 결과는 그렇게 되지 않았고 우리가 입학한 상동중학교는 세 학급 가운데 우반을 따로 뽑았는데 우반에는 들어갔다. 입학시험에서 친구들 가운데 반은 떨어지고 반은 붙었다. 떨어진 아이들은 재수하든지 아니면 더는 상급 학교 진학을 포기하였다. 합격 못 할 거라고 평가받던 아이들 가운데 합격한 아이가 있는가 하면, 실력이 된다고 인정받던 아이가 떨어진 경우도 있었다.

그런데 지금 생각해도 아까운 친구가 있다. 6학년 2반 같은 반이면서 이 친구도 나처럼 6학년이 되어서 성적이 갑자기 오르게 된 착한 ㅇㅇ이였다. 집이 어려웠던 이 친구는 상동중학교 입학시험에 합격하였다. 그러나 가정 형편상 진학할 수 없게 되었다는 것을 아시게 된 선생님이 ○○이 아버님을 찾아뵙고 "제가 입학금을 마련해 드릴 테니 일단 입학을 시킵시다"라고 말씀드렸지만 ○○이 아버지는 한사코 그렇게 하지 않겠다며 거절하셨다. 그래서 그 친구는 중학교에 진학할 수 없었다. 입학금을 내지 않은 ○○이를 대신해 예비합격자 명단에 올랐던 누군가가 입학하였을 것이다. 우리가 교복 입고 학교 갈 때 그 친구는 신문을 돌렸다. 마주칠 때마다 ○○이에게 미안했다.

　몇 년 전, 초·중·고등학교 동창회(우리 동네에서 태어나면 빼도 박도 못하고 구래초등학교, 상동중학교, 상동고등학교를 12년 동안 같이 다녀야 했다. 다른 학교가 없었으니까.)의 다음 카페에 ○○이가 사진을 하나 올렸다. 1969년도 상동중학교 합격증 사진이었다. 중학교에 합격하고도 입학하지 못한 아픈 마음에 수십 년 동안 그 합격증을 고이 품고 있었을 ○○이를 생각하니 마음이 아팠다. 십몇 년 전 ○○이의 전화를 받았다. 그가 중학교 합격증 사진을 동창회 카페에 올리기 몇 년 전이었다. 우리 동네 꽃우물 마을에서 한 전화였다. 인테리어 업을 하고 있는 이 친구가 우연히 우리 교회 장로님 댁에 일을 하러 왔다가 옛날 국민학교 동창생인 박인환이 화정교회의 목사라는 것을 알게 되어 전화한 것이었다. 그렇게 해서 ○○이와 나는 국민학교 졸업 후 40여 년 만에 엉뚱하게도 우리 동네에서 반갑게 만났다. 그때 씩씩하게 열심히 살아가는 그를 보니 기뻤다.

이런 직업도 있었다
-고비꾼

　상동에는 고비라는 말이 있었다. 국어사전에도 나오지 않는 '고비'라는 말이 어디에서 비롯된 것인지는 그때도 지금도 알 수 없지만, 상동에는 '고비'와 '고비꾼'이라는 단어가 있었다.
　상동광업소에서 흘러내리는 폐재를 걸러서 폐재 속에 남아있는 중석 가루를 뽑아내는 일을 고비라고 하였고 고비를 하는 사람을 고비꾼이라 하였다. 고비틀(복구틀이라고도 하였다)은 나무 판자로 만들었다. 길이 2m 정도의 판자들을 폭 60~70cm 정도의 넓이로 잇고 양쪽 끝과 고비꾼이 앉는 윗부분은 높이 20cm 정도로 세운 나무틀이었다.
　한 마디로 설명하자면 ㄷ자를 길게 만든 것 같은 나무틀이었다. 개천물이 흘러들 정도의 깊이로 개울가를 파고 그곳에 틀을 위아래가 비스듬하게 놓고 폐재를 틀에 담는다. 그리고 흐르는 물에 폐재가 아래쪽으로 흐르게 하고 아래쪽으로 내려간 폐재를 괭이 모양의 연장으로 계속 위로 올린다. 그렇게 한참을 반복하다 보면 어느덧 폐재는 물과 함께 바깥으로 다 흘러가 버리고 무거운 하얀 중석 가루가 틀에 남게 된다. 그것을 퍼다가 아우라지라는 동네에 있는 '옥수광산'이나 '두백광산'에 가져다 판다. 옥수광산이나 두백광산은, 말하자면 중석 선광업체인데 고비꾼들이 가져온 중석 가루를 더 세밀히 선광한 후에 어디엔가에 팔았다. 상동 천에는 고비꾼들이 많았다. 대한중석 상동광업소 선광장에서 미처 다 뽑아내지 못하여 폐수 속에 섞인 채 떠내려온 중석 가루가 수많은 고비꾼들을 먹여 살린 것이다.

 1970년대 초반에 들어서면서 고비꾼들은 자취를 감추었다. 그것은 그때부터 상동광업소가 폐수를 그냥 흘려보내지 않고 폐재를 걸러서 따로 모아두고 맑은 물을 흘려보내기 시작했기 때문이다. 상동광업소가 폐광된 지가 오래지만 거기서 흘러나온 폐재는 지금까지 우리 동네에서 2km 정도 아래인 고무락골이라는 골짜기와 봉우재라는 동네의 개천가에 쌓여있다. 개천가에 커다란 댐을 만들어 그 안에 쌓아놓은 폐재는 그 양이 어마어마하다. 환경을 생각하지 않고 옛날에 사라졌던 고비꾼들을 다시 불러들여 고비를 하게 한다면 엄청난 중석을 뽑을 수 있다고 한다. 그러나 그렇게 되면 폐수는 고스란히 충주와 양평과 서울을 거쳐 서해까지 흘러갈 것이고 강은 급격히 오염될 것이다.

 그렇다고 그걸 그냥 두자니 혹시라도 큰물이 나서 댐이 터져

버리기라도 한다면 좋지 않은 화학약품도 많이 포함되어 있을 폐재가 일시에 남한강으로 흘러들어 큰 낭패가 될 것이다. 재활용할 수도 없고 그냥 둘 수도 없는 폐재를, 핵발전소를 가동하고 남는 핵 쓰레기의 문제와 연결 지어 생각해보니 둘 다 해답이 없다는 것이 똑같다.

이런 직업도 있었다
- 도굴꾼

    상동에는 신대골이라는 곳이 있다. 순경산과 백운산이 맞닿은 곳으로부터 상동제일교회가 있는 동네를 거쳐 상동천에 이르는 가파르고 험한 골짜기이다. 텃골에 있는 상동광업소의 갱도 입구에는 "1917년 개항"이라는 문구가 새겨져 있다. 그런데 그 이전에 신내골 꼭대기 쪽에서 노다지 중석 광맥이 발견되었던 것 같다. 거기서 노다지를 캐다가 텃골에 새로운 갱을 뚫고 근처에 대규모의 선광장을 만들면서부터 신대골의 갱 입구를 막고 사람들이 출입하지 못하도록 하였다.

    그런데 귀신같이 갱 속으로 들어가 노다지를 캐내는 도굴꾼들이 있었다. 교회 동네에서 신대골을 따라 200m쯤 올라가다 보면 왼쪽 산비탈에 판잣집 여러 채가 있었다. 거기에 사는 사람들이 도굴꾼들이었다. 산비탈을 일구어 강냉이도 심고 감자도

심었지만 몇 평 되지 않는 밭에서 나오는 곡식으로 연명하는 것은 불가능한 일이었다. 밭농사는 부업이고 주업은 도굴이었다. 중.고등학교 시절, 가끔 늦은 밤 학교에서 돌아올 때 그들을 보기도 하였다. 순경산 자락을 타고 내려와 아우라지라는 우리 아랫동네의 골목에서 좌우를 살피다가 잽싸게 신작로를 건너는 그들의 등에는 마대 자루에 가득 담긴 중석 노다지 광석이 담겨있었다. 신작로 건너편에는 옥수광산과 두백광산이 있었다. 거기에 노다지 광석을 파는 것이었다.

지금도 신기한 것은, 그 무거운 짐(최하 100kg 정도는 되었을 것이다.)을 지고 다람쥐처럼 잽싸게 신작로를 건너는 그들의 모습이다. 이해할 수 없었던 것은, 내가 중학생이 될 때까지 도굴꾼들의 물건을 받아서 선광하여 파는 옥수광산과 두백광산이 단속에 걸렸다거나 처벌받았다는 얘기를 한 번도 들어본 적이 없었다.(몇 년 후에 단속에 걸렸다는 얘기를 들었다.) 그리고 또 한 가지, 신대골에 집단으로 촌을 이루어 살던 도굴꾼들을 대한중석이나 지서가 일망타진(?)하지 않았다는 것도 이해할 수 없다. 그냥 그렇게라도 해서 먹고사는 가난한 사람들을 위해 눈감아주었나?

상동광업소(고바야시 광산)의 광산주였던 고바야시가 해방되는 해에 급히 일본으로 돌아가면서 서울 회현동의 자택 마당에 묻었다는 300만 원 가치의 금 이야기만 보더라도 일본이 우리나라를 36년 동안 지배하면서 온갖 자원을 다 강탈해 간 것이 확실하다. 춘양목을 실어나르기 위해 춘양선을 깔고, 경기도의 좋은 쌀을 수탈해 가기 위해 수인선 협궤열차를 만들고, 상동의 텅스텐을 빼가기 위해 석항에서 상동까지 이르는 신작로를 만들었다. 그러고 보니 진정한 도굴꾼은 일본 놈들이었다. 그런데 아직도 일본이 우리나라에 철도 항만 등 기간산업을 발전 시켜 주었기 때문에 우리나라가 근대화를 앞당길 수 있었다고 말을 하는 사람들이 있다. 그런 말은 도둑이 비싼 물건 다 훔쳐가고 미처 가져가지 못한 것을 조금 남겨두었다고 그 도둑에게 감사하는 것과 비슷한 말인 듯하다.

내가 그녀의 로비에
넘어가지만 않았어도…(귀옥이 누나)

초등학교 1학년 때인가 세 집 건너 이웃집에 예쁘게 생긴 귀옥이 누나네가 이사 왔다. 경상도 청도에서 이사 왔는데 나보다 네 살 위인 귀옥이 누나는 서울 말씨를 쓰고 있었다. 경상도에서 온 소녀가 서울 말씨를 쓴다는 것이 신기했고 그것이 지금도 궁금하다. 노래를 잘 하는 그 누나가 6학년일 때, 강원도 어린이 독창 대회에 나가서 우승하는 바람에 우리는 등교할 때와 하교할 때 매일 같이 확성기를 통해서 나오는 그 누나의 강원도 독창 대회 우승 노래를 들어야만 했다.

여동생 귀ㅇ이가 있었는데 나보다 한 살 어렸다. 언니는 키가 크고 상냥하고 목소리가 꾀꼬리 같았고, 동생은 덩치가 크고 괄괄한 성격이었다. 어느 날 동네 아이들 몇이 양지쪽에 앉아 놀고 있었다. 무슨 놀이였는지는 기억나지 않지만, 돌을 가지고 놀았던 것은 분명하다. 그런데 느닷없이 귀ㅇ이가 내 얼굴을 할퀴고 도망가는 것이었다. 내가 그 아이에게 뭐라고 한 것도 아니고 나쁘게 한 일은 더더욱 없는데 느닷없이 손톱으로 내 얼굴을 할퀸 것이다. 집으로 도망가는 그 아이를 뒤쫓아 갔다. "이 간나, 거기 서 죽인다아!"(우리 동네에서는 여자아이를 나쁜 의미로 부를 때 '간나'라고 하였다.) 소리 지르며 뛰어갔지만 따라잡지 못하였다. 자기네 집으로 쏙 들어가는 바람에 쳐들어갈 수도 없어서 문밖에서 기다렸다. 분해서 눈물을 쭐쭐 짜면서 "이 년 나오기만 하면 내가 가만두지 않는다."고 다짐하며 주먹을 부르르 떨고 있었다. 한참 지나서 방문이 빼꼼 열리기 시작하였다. "옳지 이제 나오나 보다. 나오기만 해봐라." 하고 벼르는데 방문을 열고 나온 사람은 귀ㅇ이가 아니고 귀옥이 누나였다. 귀옥이 누나는 분해서 치를 떨고 있는 내게 오더니 내 어깨에 손을 얹고는 "야, 인환아, 누나가 보니까 말이야, 인환이가 우리 동네에서 제일 멋진 사나이인 것 같아. 그런데 사나이가 말이야, 그까짓 계집아이가 그랬다고 울고 복수하려고 하면 되니" 그러면서 사족을 단다. "그런데 우리 귀ㅇ이가 네가 아무 짓도 안 했는데 그랬겠어." 병 주고 약 주고 어르고 뺨을 치는 데 정신이 없었다. "아니란 말이야, 내가 가만히 있는데 귀ㅇ이 저 간나가 나를 할퀴고 도망갔단 말이야. 으앙~" 하고 저항했지만 또다시 이어지는 칭찬 세례에 단 1분도 되지 않아 무장해제를 당하고 집으로 왔다.

    십 몇 년 전, 귀옥이 누나는 '린다 김'이라는 이름으로 신문과 TV 뉴스에 나타났다. 신문에 난 사진을 보면서 어디서 본 듯하다고 생각했는데 기사를 읽어보니 린다 김의 본명이 김귀옥이라는 것이었다. 깜짝 놀랐다. 미국서 활동하는 무기 로비스트라고 하였다.

"이 아무개 합창의장이 린다 김의 로비에 넘어졌고 그래서 어쩌고저쩌고" 하는 신문 기사를 읽으면서 내 책임도 크다는 장난스런 생각을 하였다. 그때 내가 끝까지 악다구니 써가며 "귀옥이 년 내놓으라."며 싸웠더라면, 그의 어르고 빰치는 말에 넘어가지 않았더라면, 끝까지 무장해제당하지 않고 버텼더라면 아마 로비스트 린다 김이 생기지 않았을지도 모른다는 생각이 들었기 때문이다. (이것은 어디까지나 나 혼자만의 생각이다.) 그 어르고 빰치는 말발로 일곱 살의 어린 나를 무장해제 시킨 그 재능을 살려 로비스트가 되었나 하는 생각이 들었다. 그런데 린다 김의 로비에 넘어간 처음 남자가 나일지도 모른다고 생각하니 그건 별로 즐겁지 않네. … 내 나이 7살 때다. 거참!

주님, 도와주세요.
아멘

    매일 아침 바가지를 들고 다니며 밥을 구걸하는 할머니가 있었다. 이 할머니는 밥을 구걸하여 먹고 살기 위해 어디에선가 온 할머니였다. 상칠량리 산 아래 길 가에 동네 어른들이 만들어 드린 움막에 살던 이 할머니는 이가 다 빠져서 합죽하고 앞을 보지 못하는 소경이었다. 앞을 보지 못하고 몸은 꼬부라져 걷기도 힘든 이 할머니는, 그 몸으로 항상 한 쪽 손으로는 지팡이를 잡고 한 쪽 손에는 바가지를 들고 다녔다. 우리도 가난하여 먹을 것이 없어 고생하던 때였지만 그 할머니를 볼 때마다 불쌍하다고 생각하였다. 어쩌다가 눈이 멀었으며, 왜 가족도 없이 그 늙은 몸을 이끌고 홀로 상동 골짜기에 들어와서 구걸하며 살 게 되었는지… 게다가 이 할머니가 구걸하기 위해 나타날 때마다 아이들이 뒤쫓아 다니며 '마귀할멈'이라며 놀려대는 것을 보며 불쌍하다는 생각을 더 하게 되었다. 아이들이 그렇게 하는 것은 잘못된 일이라는 것을 알면서도 말리거나 막아서지 못하였다. 나는 용기가 없는 아이였고 더구나 그 할머니를 놀리는 아이들은 항상 다수였기 때문이었다. 내가 요즘 혹시라도 남들보다 조금 더 용기 있게 행동하는 것이 있다면 오십 몇 년 년 전, 그 할머니를 무례하게 대하던 아이들을 막아서지 못한 것에 대한 후회 때문일 것이라는 생각을 한다.

    초등학교 4학년 아니면 5학년 때쯤의 일로 기억한다. 어느 날 학교 가는 길에 이 할머니가 아이들에게 둘러싸여 있었다. 그 날도 아이들 수십 명이 학교에 가다가 이 할머니를 보고 뒤쫓아 다니며 '마귀할멈'이라고 소리치며 놀렸던 것 같았다. 아이들에게 빙 둘러싸인 할머니가 손에 쪽 복음을 들고 울고 있었다. 복음서 중 한 권이었는지 사도행전이었는지는 기억나지 않지만, 이 할머니는 대한성서공회가 만든 쪽 복음 한 권을 거꾸로 든 채 이렇게 울부짖고 있었다. "주님, 도와주세요. 아멘. 주님, 도와주세요. 아멘." 계속 그렇게 울부짖는 그 모습을 보면서 주일학교에서 "예수님은 우리에게 가난한 자의 모습으로도 거지의 모습으로 오실 수 있어요"라고 하신 선생님의 말씀이 생각났다. 그 순간 "저 할머니가 예수님인지도 모른다."고 생각하였다. 얼마 지나지 않아 어느 추운 겨울날, 그 할머니는 동네 아저씨들이 만들어드린 그 움막에서 얼어서 돌아가셨고, 동네 아저씨들이 쌀가마니로 둘둘 말아 산에 묻어드렸다.

그 할머니는 "주님, 도와주세요"라며 절규하였지만, 주님은 도와주시지 않으셨다는 사실에 내 믿음이 흔들렸었다.

또 사람은 누구나 다 하나님이 만드신 하나님의 자녀라고 교회에서 배웠는데, 왜 사람이 살아가는 세상에는 차이가 있고 차별이 있는지 어린아이의 마음으로는 이해할 수 없었다. 또 그 할머니를 따라다니며 조롱하던 어린아이들을 이해할 수 없었다. 그런데 어른이 된 지금 둘러보니 이 나라에는 자기보다 약한 자, 사회적 약자들에 대한 조롱이 차고 넘친다. 그러고 보니 약한 자를 조롱하는 것은 50여 년 전 우리 동네 어린아이들의 문제만은 아니었다. 우리가 사는 이 사회가 약한 자에게 얼마나 잔인한가 하는 것을 요즈음 뼈저리게 느끼고 있다. 그래서 약한 자의 편에 서는 것은 예나 지금이나 똑같이 위험한 일인 것 같다는 생각이 든다.

당신 덕분에
내가 미아가 되지 않고
부모 밑에서
잘 자랄 수 있었습니다.

05

하나님을 닮은 사람들

"또 누구든지 내 이름으로
이런 어린 아이 하나를 영접하면 곧 나를 영접함이니."

(마태복음 18:5)

남정국민학교
6학년 여학생

　서울 원효로에 살던 1961년 어느 날이었다. 하루는 밖에서 놀다 집에 와보니 어머니가 안 계셨다. 용문시장에 콩나물 팔러 가신 것이 분명하였다. 어머니를 찾아 용문시장에 갔더니 평소 어머니가 앉아있던 자리에 어머니가 보이지 않았다. 장사가 잘 안되어 집으로 가신 거였다. 나는 어머니를 찾아 시장으로 오고 어머니는 집으로 가셨는데 길이 엇갈린 것이다. 집으로 돌아오다가 길을 잃었다. 시장까지는 잘 찾아갔는데 집으로 오는 길은 제대로 찾지 못했다. 시장에 어머니가 없어서 깜짝 놀라고 집으로 오는 길을 잃고 당황했던 거기까지만 기억난다.

　집에서는 난리가 났다. 4살짜리 꼬마가 엄마 찾아간다고 나간 것 같은데 집에는 오지 않고 시장에 가 봐도 없고….

　한참 시간이 흐른 후에 내가 눈물이 그렁그렁한 얼굴로 어느 여학생의 등에 업힌 채, 자기를 업고 있는 여학생에게 손을 휘저

으며 "요기, 저기" 하면서 집을 찾아오더란다. 그 여학생의 말에 의하면 내가 길거리에서 울고 있기에 살살 달래서 얘기를 들어가면서 겨우 찾아왔다는 것이다. 참, 그것 보니 내가 길을 잃긴 했어도 똑똑하긴 했던 모양이다.

　나를 업고 집에 데려다준 여학생은 남정국민학교 6학년 학생이었다. 이름도 모르고 얼굴도 모르는 그 여학생, 지금은 72세나 73세쯤 되었을 것이다. 6학년이면 12살이나 13살의 어린 소녀일 텐데 그 어린 소녀가 길 잃은 아이를 그냥 지나치지 않고 선행을 베풀었다. 그의 친절 때문에 나는 미아가 되지 않을 수 있었다. 얼굴도 기억나지 않지만 아마 곱게 멋지게 나이 드셨을 것이라는 생각이 든다. 그분을 만나볼 수 있으면 얼마나 좋을까 생각해본다. "당신 덕분에 내가 미아가 되지 않고 부모 밑에서 잘 자랄 수 있었습니다"라고 감사의 말을 하고 싶다.

사과 한 알

　어른이 되어서 생각해도 얼굴이 화끈거릴 정도로 창피한 기억이 있다. 그것은 매일 아침 대머리 박 씨네 가게 앞에 쪼그리고 앉아있던 기억이다. 대머리 박 씨네 가게는 시장 한 가운데에 있는 커다란 콘크리트 구조물을 이용해 만든 집이었다. 그 콘크리트 구조물은 일정시대 때 중석을 선광하기 위해 일본사람들이 만든 물탱크인데, 해방 후 쓰지 않게 된 그 물탱크를 가게와 살림집으로 꾸며서 쓰고 있었다.

　매일 아침 그 가게 앞에 가서 쪼그리고 앉곤 했던 것은 이유가 있어서였다. 가겟집 주인아주머니가 참 좋으신 분이었다. 우리가 굶주리던 때 우리에게 수시로 먹을 것을 갖다 주셨다. 다섯 살밖에 되지 않은 어린아이의 눈에 그 아주머니는 무엇이든지 다 주시는 마음씨가 하늘같은 아주머니로 보였다. 시장 안에서 제일 큰 그 아주머니의 가게에는 먹을 것이 그득하였다. 건어물, 과자, 과일… 어느 날부터인가 아침마다 그 집 앞에 쪼그리고 앉기 시작했다. 한참 쪼그리고 앉아 가게 안의 먹을 것들을 쳐다본다. 그러면 아주머니는 사과 한 알을 주신다. 어떨 때는 과자를 주시기도 하셨다. 나는 먹을 것을 받아들면 그 자리를 뜨곤 하였다.

그러던 어느 날, 그 가게 옆에서 문구점을 하시던 우리 교회의 할머니 권사님(김석녀 권사님)이 우리 어머니에게 오셨다. 그 권사님네도 평안도에서 월남한 분들이셨다. 문구점은 판자로 지은 자그마한 2층이었는데, 우리는 그 문구점을 '꼬마 이층집'이라고 불렀다.

김 권사님은 슬하에 딸 없이 아들만 3형제를 두신 분이셨다. 그래서인지 우리 어머니를 친딸처럼 사랑해 주셨다. 그 권사님이 어머니를 나무라셨다. "거 셋째 아이 단속하라우. 매일 아침 남의 가게 앞에서 손가락 빨고 있으면 어떡하네" 어머니는 삯바느질하느라 정신없어 아들들이 밖에 나가서 무엇을 하고 노는지도 알지 못하던 때였다. 그날 어머니가 울먹이며 야단치셨다. 그날 이후로 매일 아침 사과 한 알을 얻어먹던 기쁨을 잃어버리고 말았다. 그때에는 어머니에게 아들 단속하라며 야단을 치신 꼬마 이층집 할머니가 야속하였다. 그러나 나이가 들면서 내가 사과를 얻어먹으려고 가게 앞에 쪼그려 앉곤 했던 것이 얼마나 창피한 일이었는가를 알게 되었다. 58년이나 지난 지금 생각해보니 그 할머니는 사람이 없이 살아도 지켜내야 할 품격이 있음을 가르쳐 주셨다.

    사과 한 알 얻어먹으려고 남의 가게 앞에 쭈그려 앉았던 것을 생각하면 지금도 얼굴이 화끈거리는 것 같다. 그때는 철없는 다섯 살 아이였다면서 스스로 위로를 하곤 하지만 여전히 그렇다. 어디 가서 여럿이 밥을 먹을 때면 웬만하면 밥값을 먼저 내는 편이다. 얻어먹는 것은 자랑스러운 일이 아니라는 것을 오래 전에 깨달았기 때문이다.

나는 뭇국이 좋다
(뭇국 한 냄비)

할아버지는 평안도 태천이라는 곳에서 거부였다고 한다. 할아버지는 소주 공장(태화소주)을 두 개 가지고 계셨고 산판을 해서도 돈을 많이 벌었다고 했다. 집에는 트럭이 있었고 할아버지는 오토바이를 타고 다녔고 친구들과 6인승 비행기를 전세 내서 일본에 놀러 갔다 오기도 했고 …, 어머니로부터 그런 얘기를 들을 때마다 김일성이 원망스러웠다.

해방 후 공산당 정부가 들어서자 더 이상 그곳에 살 수 없어 식구들 모두 월남하였다. 금덩어리를 많이 가져왔지만, 할아버지가 풍기에서의 인조견공장, 강원도 마차에서의 탄광 사업 등에 실패하면서 가세가 기울어지고 식구들은 뿔뿔이 흩어지게 되었다. 아버지가 한국전쟁 직후 상동에 있는 대한중석에 취직하시면서 우리는 상동에서 살 게 되었다. 그러나 아버지가 실직하면서부터 우리 식구들의 고난의 세월이 시작되었다. 서울에서 1년 여름 지낸 뒤 다시 상동으로 돌아와서 어머니가 삯바느질을 시작하셨다. 해보지 않던 일을 급히 배워서 하는 터라 벌이가 시원치 않았던 것으로 기억된다. 내 기억으로는 초등학교 시절이 가장 어려웠던 시기였다.

초등학교 1학년 때 온 식구가 이틀을 굶은 적이 있다. 이틀을 굶고 그날 결국은 학교에 갈 힘이 없어서 집에 누워서 하루를 지냈다. 그 이튿날, 이웃집 아주머니가 뭇국에 밥을 만 것을 한 양푼 가져다주셨다. 부모님은 한 숟갈도 드시지 않고 우리 형제들에게 먹이셨다. 내가 지금까지 먹어 본 음식 중에 그날의 뭇국만큼 맛있는 것은 없었던 것 같다. 그래서인지 나는 지금도 뭇국을 좋아한다. 쇠고기 한 점 넣지 않고 무만 썰어 넣은 것이라 해도 나는 뭇국이 좋다.

세상에서 가장 맛있었던 뭇국에 밥을 담아 오신 고마운 이웃집 아주머니는 지금 평택에서 목사로 사는 김중기 목사의 어머니이다. 삼십 년 전, 우연히 원주에서 만나 뵙고 뭇국 얘기를 하였더니 정작 본인은 기억조차 못하고 계셨다. 뭇국을 갖다주신 분은 기억하지 못하셨지만, 나는 57년이 지난 오늘도 그 아주머니의 사람 좋은 미소와 뭇국의 맛을 기억하고 있다. 3년 전 우정 짬을 내어 김중기 목사에게 가서 점심을 같이 먹었다. 자기 집에 온 손님이라며 음식 값을 지불하려는 김 목사를 만류하며 기어코 내가 돈을 냈다.

관심

　산골의 낮은 짧고 밤은 길었다. 전기가 들어오지 않던 우리 동네는 밤이 되면 하늘의 별만 보일 뿐 바로 앞도 볼 수 없는 암흑세계가 되었다. 그런데 골목을 조금만 빠져 나가면 양 옆으로 전깃불을 환하게 켠 가게들이 쭉 이어져 있는 신작로였다. 밤이 되면 친구들과 신작로에 나가서 놀곤 하였다. 초등학교 4,5학년 때까지는 그런 것으로 기억한다.

　우리 동네에서는 꼬마 2층집 앞길이 제일 밝았다. 말하자면 거기가 우리 동네 다운타운이었다. 매일 밤 수십 명 꼬마들이 그 좁은 비포장 신작로를 이리저리 뛰며 소리 지르고 놀았으니 근방 가겟집 주인들의 스트레스도 컸을 것 같다.

　어느 날 꼬마 2층 할머니가 어머니를 찾아오셨다. 어머니에게 우리 형제들 이야기를 하러 오신 것이었다. 내가 다섯 살 때에 한 번 오셔서 어머니를 야단치신 후 4-5년 만에 또 찾아오신 것이었다. "거 아이들 밤에 밖에 나가지 못하게 하라우. 밤에는 집에서 잠을 자야디, 밤마다 못된 아이들하고 어울리다가 똑같이 되면 어떡하간? 이렇게 고생하면서 쌔끼들(평안도 사투리에서 '쌔끼'는 욕이 아니다.) 키우는 데 아이들이 잘되어야 하지 않네?…" 대충 이런 말씀이었다. 그날 밤 나는 어머니에게 밤에 신작로에 나가지 말라는 엄명을 받게 되고 그 후로 밤에 신작로에 나가서 놀지 않았다.

처음에는 친구들과 어울려 노는 것을 못 하게 만드신 그 할머니가 원망스러웠다. 그러나 그것을 지금은 두고두고 고마운 일로 기억한다. 그분이 우리 형제들에게 관심 가지고 지켜보시지 않으셨다면, 어머니에게 오셔서 아이들 단속하라고 말씀해 주시지 않았다면, 나는 계속 밤마다 신작로에 나가서 놀았을 것이고 공부라는 것과는 담쌓으며 성장했을 것이 분명하기 때문이다.

그분은 한 동네에서 어렵게 살고 있는 이웃이며 한 교회의 교우인 우리 어머니를 딸같이 여기시며 힘이 되어주셨다. 경제적인 도움을 받은 기억은 없으나 항상 우리 형제들을 눈여겨보시다가 결정적인 순간에 한 방을 날려주시곤 하셨던 기억이 생생하다. 어머니에게 오셔서 말씀하신 그 엄한 꾸지람이 어린 나에게는 섭섭함으로 다가오기는 하였지만, 그 말씀 때문에 나의 삶이 좋은 방향으로 바뀌곤 하였다.

그분의 손자 중 하나가 안디옥교회의 박성호 목사인데, 얼마 전 박 목사가 이런 말을 하였다. "제가 방학 때 할머니 집에 갈 때마다 할머니가 이런 말씀을 하시곤 하셨어요. 인유(우리 큰 형)네 형제를 본 받아라. 그 형제들이 공부를 열심히 하는데, 공부방이 따로 없어서 엄마가 재봉틀을 돌리는 방 한쪽에 쭈그리고 앉아서 재봉틀 소리 듣지 않으려고 귀를 솜으로 틀어막고 재봉틀 소리보다 더 큰 소리로 책을 읽으면서 공부하더구나. 그 아이들은 장차 성공할 거야."

가끔 엄한 표정으로 우리를 꾸짖기도 하시고 우리 때문에 우리 어머니를 꾸짖기도 하셨지만, 그 모든 것이 우리 식구들을 애정 어린 눈으로 보신 그분의 사랑이었으며 나는 그 사랑의 빚을 많이 지고 있다는 것을 잊지 않는다.

선생님의
칭찬

우리 동네의 식수는 개울 건너 장산을 흘러내려온 물이었다. 개울 건너 장산과 우리 동네를 연결한 고무호스로부터 나온 물은 한 여름에도 등목을 할 수 없을 정도로 시원하고 맑은 1급수였다. 그런데 봄, 여름, 가을에는 어려움 없이 물을 마음껏 쓸 수 있지만 겨울철이 문제였다. 장산과 동네를 잇는 고무호스가 12월만 되면 꽁꽁 얼어붙어 버리기 때문이다. 그러면 그때부터 모두 물을 얻기 위한 고생이 시작된다. 풍요 속의 빈곤이랄까, 산에서 흘러내리는 물은 많은 데 그 물이 다 얼어붙어 버리니 우리가 얼어 쓸 물은 부족한 것이다. 겨울이 되면 개울 건너 폭포 밑에 동네 사람들이 모인다. 얼어붙은 폭포 아랫부분을 도끼를 써서 얼음웅덩이를 만들면 거기에 물이 조금씩 고인다. 바가지로 뜰만 큼 고이면 그 물을 퍼 담아서 집으로 가지고 간다. 한 양동이를 채우려면 꽤 긴 시간이 필요하였다. 그러니 줄 지어 선 수십 명이 물 한 양동이를 얻기 위해 기다려야 하는 시간은 고통이었다. 게다가 산골추위는 왜 그렇게 지독한지.

물을 긷는 것은 우리 형제들 몫이었다. 학교에서 돌아오면 누가 먼저랄 것도 없이 우리 형제들은 열심히 물을 길러 다녔다. 어느 겨울날, 양쪽에 물을 가득 채운 양동이를 들고 오다가 미끄러져 넘어진 적이 있었다. 애써서 얻은 물을 길바닥에 쏟아 부어 버렸을 때 느꼈던 허무함이라니… 땅바닥에 쏟아진 물이 쏟아지는 즉시 얼어붙었던 그때의 기억이 생생하다.

그런데 물을 길러 다녔던 것이 나의 생에 큰 도움이 되었다. 그것은 물 긷는 일 때문에 받은 선생님의 칭찬 때문이다. 6학년이던 어느 날, 선생님이 종례 시간에 이런 말씀을 하셨다. "내가 누구라고 밝히지는 않겠는데, 내가 사는 동네에 바쁘신 부모님을 대신하여 매일 물을 긷는 우리 반 학생이 있어요. 참 기특한 학생이라고 생각해요. 지금은 집안 형편이 어렵지만, 이 학생은 분명히 성공할 거예요…." 분명히 나를 두고 하시는 말씀이었다. 선생님은 우리 동네 어느 집에서 하숙하고 계셨고 우리 동네에서 물을 길으러 다니는 6학년 2반 학생은 나밖에 없었기 때문이다. 마음 한편으로는 창피하고 민망하기도 하였지만, 선생님이 나를 그렇게 보고 계셨구나 하는 생각에 참 기뻤다. 그때인 것 같다. 내가 공부를 하기 시작한 것이.

학교에 가도
교회에 가도
차별받는다고 생각하였다.

06

내 마음에 새겨진 십자가

"이와 같이 성령도 우리의 연약함을 도우시나니
우리는 마땅히 기도할 바를 알지 못하나 오직 성령이 말할 수 없는 탄식으로
우리를 위하여 친히 간구하시느니라."

(로마서 8:26)

정리해고

우리가 어린 시절을 가난하게 살게 된 것은 아버지의 갑작스러운 퇴직 때문이었다. 성품이 좋으시고 성실하신 아버지가 왜 갑자기 퇴직하게 되었는지 그것이 항상 궁금하였었다. 몇 년 전, 어머니가 그 일과 관련하여 말씀해 주셨다.

당시 대한중석 본사는 서울 명동에 있었다. 대한중석 사원의 임금이 높아서 자녀들을 서울로 유학 보낸 집들이 많았다고 한다. 매달 봉급 때면 서울의 자녀들이 학비나 생활비를 명동에 있는 본사에서 받아쓰고 그것을 제한 금액을 상동에서 본인이 받는 식으로 운영되었다고 한다. 서울에서 공부하고 있는 넷째 고모님과 큰 삼촌이 매달 생활비와 학비를 먼저 받아쓰다 보니 생활비가 좀 빠듯했다고 한다. 그러던 차에 아버지가 고향에서 월남한 친구에게 돈을 조금 빌렸는데 그것을 제때 갚지 못하셨다고 한다. 친구의 부인은 그 돈 떼일까봐 그랬는지 매일 같이 빚 독촉을 했다고 한다. 그러던 중 대대적인 감원, 즉 정리해고가 시작되었다. 전쟁 후 몇 년이 지나자 텅스텐 수요가 크게 줄어들면서 대한중석이 대폭적인 정리해고를 감행하였던 것이다. 그 과정에서 아버지가 실직하게 되었다.

어느 날 정리해고 명단에 들어가면 안 되는데 하는 걱정의 마음을 가지고 출근하는 아버지 앞을 친구 부인이 휙 하고 지나가는 데 섬뜩한 느낌이 들더란다. 옛날부터 광산촌에는, 이른 아침에 출근하는 광부들 앞을 여인이 지나가면 사고 난다는 터부가 있었다. 아버지 앞을 가로질러 간 아버지 친구의 부인이 총무과로 들어갔다. 그의 오빠가 총무과에서 인사를 담당하는 책임자였다는 것이다. 아버지는 그다음 날로 퇴직자 명단에 오르게 되었다. 아버지는 퇴직금을 받자마자 친구에게 진 빚을 청산하였다. 결국 그 몇 푼 되지 않는 빚 받기 위해 남편의 친구를 해직자로 만들어 버린 것이다. 그리고 그때부터 우리 식구들의 '고난의 행군'이 시작되었다. 어머니의 말씀을 들으면서, 자그마한 배려가 사람에게 희망과 힘을 줄 수도 있고 한 사람의 작은 욕심이 한 가족을 그렇게 어렵게도 할 수 있다는 것을 생각하였다.

그나저나 요즘 해직자라는 글자만 봐도 옛날 우리 아버지가 떠올라 마음이 아프다. 특히 자본 권력의 극심한 이기주의로 인해 억울하게 해직당한 이들의 소식을 들을 때는 더욱더 그러하다. 그러면서도 그들을 위해 아직 아무것도 못하고 있는 것이 부끄럽다.

차별받는다는
생각

    초등학교 때 이미 차별이라는 것을 생각하였다. 학교에 가도 교회에 가도 차별받는다고 생각하였다. 내가 다니던 초등학교는 치맛바람이 거센 곳이었다. 어머니가 학교에 와서 선생님께 와이셔츠라도 한 벌 갖다준 아이들은 선생님이 끔찍이 아껴준다는 것, 그리고 나 같이 공부도 잘 못 하고 옷도 남루하게 입은 아이들, 어머니가 학교에 얼굴 한 번 내밀지 않는 아이들에게는 선생님이 별로 관심을 가지지 않는다는 것을 느끼곤 하였다.

    차별받는다는 생각은 교회에서도 그랬다. 친구 중에 목사님 아들, 장로님 아들이 있었다. 6년 동안 주일학교를 다녔지만, 성탄절 연극에 엑스트라라도 한 번 해 본 적이 없다. 그 흔한 중창이나 합창을 한 번도 해 본 적이 없다. 물론 재능이 없었던 것을 인정하고 당시 목사님 아들과 장로님 아들이 나보다 똑똑했다고 생각하지만, 목사님 아들이나 장로님 아들에게 두 개 세 개씩 역할을 주는 것 중에 허름한 것 하나라도 내게 주었으면 얼마나 좋았을까 하는 생각을 하였다.

지금 와서 다시 되짚어보니 차별받는다는 생각을 했던 것이 어쩌면 나의 열등의식 때문이었을지도 모른다는 생각이 들기도 한다. 그러나 어쨌든 그 시절의, 어쩌면 나의 열등의식과 삐딱한 마음에서 비롯되었을지도 모르는 '차별받는다는 생각'이 오히려 나의 삶에 도움이 되었다. 선생님들은 무심코 똑똑한 아이들에게 역할을 주셨을 것이다. 그러나 선생님들의 관심을 받지 못했던 나, 그리고 또 다른 친구들은 마음에 상처를 받았다는 생각을 한다. 그 아픈 기억을 가지고 있어서인지 나는 사람을 차별하지 않으려고 노력한다. 군목생활 할 때에는 나 보다 나이가 많은 하사관은 물론 나 보나 나이가 아래인 하사관들에게도 반말을 한 적이 없다. 군대의 계급의식은 군인교회에까지 이어진다. 그러나 내가 담임하던 독수리교회와 성실교회에서는 하사관과 장교, 하사관 가족과 장교 가족을 차별하지 않으려고 노력하였다. 우리 아이들이 교회학교에서 자랄 때, 목사 자녀라고 특별대우하지 말라고 교사들에게 당부하기도 하였다.

어린 시절의 '차별받는다'는 부정적인 생각이 성인이 되고 목사가 된 나에게는 '차별하지 말아야지'라는 생각으로 승화되었으니 감사한 일이다.

떡국

　추수감사절이나 성탄절은 매년 기다려지던 날이었다. 교회에서 먹을 것을 주는 날이기 때문이었다. 주일학교 어린이들은 빵을 하나씩 줬고 어른들은 떡국을 해서 드셨다. 9시에 시작하는 주일학교 예배를 마치고 집으로 돌아와야 하지만 우리는 교회에서 서성이다가 12시쯤 어른들 예배를 마치는 시간부터 교회 창문에 매달렸다. 예배 후에 어른들이 먹는 떡국이 먹고 싶어서였다. 어른들은 "너희들은 아침에 빵 받아먹었으니 됐다."라며 쫓아버리려고 하지만 우리는 굳세게 창에서 떨어지지 않았다. 그러면 목사님 아들, 장로님 아들, 속장님 아들… 줄줄이 안으로 불려간다. 목사님 아들, 장로님 아들 등은 교인들이 알아서 불러들이고, 권사님 아들, 속장님 아들 등은 부모들이 불러들여 먹이는 것이다. 나중에 남는 아이들은 부모가 교회에 다니지 않는 아이, 부모가 교회에 다니더라도 자기 아이를 불러들여 먹일 만큼의 파워(?)나 숫기가 없는 교인의 아이들뿐이었다.

어느 성탄절 날, 목사님 아들, 장로님 아들, 속장님 아들인 내 친구들은 다 불려 들어가 떡국을 먹는 데, 나만 불려 들어가지 못하고 여전히 창문에 매달려 있었다. 그러다가 떡국 상 앞에 앉아계신 어머니와 눈이 마주쳤다. 어머니가 얼른 일어나시더니 나와서 나를 데리고 집으로 오셨다. 지금껏 살아오면서 후회되는 일이 많지만 그 일보다 더 크게 후회되는 일은 없다. 온 식구가 굶주리던 시절이었는데, 어머니라도 맛있는 떡국 한 그릇 드시도록 했어야 하는 데 하는 마음 때문이다. 창에 매달린 아들을 보며 차마 떡국을 드실 수가 없어 일어나셨던 어머니의 그 마음이 얼마나 아프셨을까?

나는 무엇이든지 가리지 않고 잘 먹는다. 음식 가지고 타박하는 사람을 보면 화를 낼 정도로 음식을 소중히 여기고 맛있게 먹는다. 그런데 웬만해서는 잘 안 먹는 음식이 있는데 그것이 떡국이다. 어렸을 때의 그 경험이 나도 모르게 상처로 남아서 그러는지는 모르겠다.

화정교회는 해마다 성탄절 새벽 송 나가기 전과 송구영신의 밤에 떡국을 먹는다. 먹는 사람마다 화정교회 떡국이 최고라며 맛있게 먹는다. 그때는 나도 같이 추임새를 넣으며 먹기는 하지만 교인들 생각해서 할 수 없이 먹는 떡국이다.

지금 생각해보니 우리 고향 교회가 그리 가난했던 교회도 아닌데 왜, 어른들만 떡국을 먹었는지 이해할 수 없다. 교회에서 별

볼 일 없는 교인의 아이들도, 부모가 교회에 나오지 않던 아이들도 1년에 두 번 먹는 떡국 잔치에 함께 할 수 있게 하였더라면 얼마나 좋았을까 하는 생각을 한다. 어쨌든 내가 그런 경험을 하고서도 아직 교회를 다니고 있는 것이 기적이라는 생각을 한다. 그것이 기적이라면 그 기적은 내 삶 속에 역사하신 성령님의 은총의 결과가 아닐까.

가난한 사람 손들어

    4학년이 되었을 때, 우리에게서 강냉이떡이 사라졌다. 강냉이떡 대신 곰보빵이 나왔다. 정부에서 보내오는 강냉이가루를 학교 옆에 있는 ㅇㅇ당 빵집에 주어서 만드는 것이라 하였다. 곰보빵이 맛은 좋았지만 크기가 작았다. 강냉이떡은 하나 먹으면 배부를 정도였는데 곰보빵은 간에 기별도 안 가는 느낌이었다. 빵집에 갖다주는 것은 강냉이가루인데, 빵집에서 만들어 가져오는 빵은 밀가루빵이었다. 학교에서 왜 그렇게 하는지 이해할 수 없었다. 강냉이가루가 밀가루빵으로 탈바꿈하는 과정에 무언가 있을 것 같다는 생각을 하였다. 누가 어떻게 이득을 보았는지는 자세히 모르지만 ㅇㅇ당 주인과 학교 누군가와의 밀접한 거래 관계가 있을 것이라고 생각하였다. 굶주리던 시절 아이들 먹는 떡을 가지고 장난치던 어른들은 여전히 이 사회의 기득권을 쥐고 장난치는 자들의 모습으로 준동하고 있다.

 커다란 강냉이떡이 작은 곰보빵으로 바뀐 것만 해도 서운한데, 더 서운한 일이 생겼다. 곰보빵을 받아먹기 시작한 지 얼마 지나지 않아 종례 시간에 선생님이 하신 말씀에 충격을 받았다. 미국에서 오는 원조물자가 줄어서 이제부터는 곰보빵을 다 줄 수 없다는 것이었다. 가난한 사람만 주게 되었다면서 "가난한 사람 손들어."하시는 것이 아닌가? 나는 너무 당황하여 어쩔 줄 몰랐다. 우리 집이 가난한 것은 사실인데 "가난한 사람 손들어" 하시니 도저히 손을 들 수 없었다. 그때 손을 번쩍 든 아이들이 몇 있었는데 물론 모두 가난한 아이들이었다. 그 아이들을 보며 "저놈들은 창피하지도 않나" 하는 생각을 하였다. 어린 마음에도 자존심 같은 것이 있었던 것 같다.

 그런데 선생님의 잔인한 말씀은 계속 이어졌다. 손을 든 아이들의 수가 반에 배당된 곰보빵 수보다 적었나 보다. "손든 아이들 말고 우리 반에서 또 가난한 아이들이 누구인지 얘기해 봐" 하는 것이었다. 그러자 아이들이 "얘요, 재요" 하면서 친구들을 손가락으로 가리켰다. 나는 친구들의 손가락 방향이 내게로 오면 어떡하나 하는 불안감에 많이 당황하였다. 다행인지 불행인지는 모르겠으나 나를 가리키는 친구가 하나도 없었다. 그래서 그날 이후로 곰보빵을 먹을 수 없었다.

 몇 년 전, 초·중·고등학교 무상급식 문제가 논쟁거리가 된

때가 있었다. 진보적인 자치단체장이나 교육감 등은 학생들 모두에게 무상급식을 하자는 입장이고, 보수 기득권 세력에 속한 자치단체장이나 교육감 등은 "왜 부자에게 무상급식을 하는가, 그것은 포퓰리즘이다. 가난한 학생에게만 무상급식을 해야 한다."라고 하였다. 그럴듯한 말 같이 들릴지 몰라도 좋지 않은 말이다. 가난하게 살아보지 못하고 '가난한 집 아이'라는 낙인 아닌 낙인 같은 것을 한 번도 겪어보지 않은 사람들의 무성의한 말이라고 생각한다.

    강냉이떡이 곰보빵으로 변하고 그나마 곰보빵도 얻어먹을 수 없게 되었을 때부터, 먹을 것 가지고 장난치는 것은 아주 나쁜 짓이라고 생각하게 되었다.

딱지치기를
거부하다

　　차별받는다는 생각은 학교에서도 마찬가지였다. 내 어린 마음의 열등의식 작용도 있었을 수 있지만, 선생님은 잘사는 집 아이와 못 사는 집 아이들을 차별하는 것 같았고 공부 잘하는 아이와 공부 못하는 아이를 차별하는 것 같았다. 고학년이 되어갈수록 친구들과 어울리지 못하게 되었다. 수업 시간에는 공상의 나래를 펴고 이곳저곳으로 왔다 갔다 하였다. 친구들은 딱지치기, 구슬치기, 전쟁놀이를 하였지만 나는 항상 한 쪽 켠에 앉아 생각에 잠기곤 하였다. 가난에 대해서 생각하고, 차별받는 것에 대한 분노의 마음으로 속으로 씩씩거리며, 때로는 자라서 무엇을 할 것인가에 대한 공상의 나래를 펴기 시작하면 시간 가는 줄 모르고 앉아 있곤 하였다.
　　그러다가 어느 때인가부터 인생이 허무하다는 생각을 하기 시작하였다. 사람은 왜 죽는가, 죽은 후에는 어떻게 되는가에 대해 생각을 하기 시작하였다. 어느 날 수라리재(영월군 석항에서 상동으로 넘어오는 가파른 재)를 넘어오던 마이크로버스가 굴러서 여섯 명인가 일곱 명인가 되는 사람들이 목숨을 잃었다. 초등학교 운동회 때마다 운동장 열 바퀴를 도는 달리기 경주에서 흰 빤쓰만 입고 뛰어서 우승하곤 하던 버스 조수 아저씨도 죽었다. 어제까지도 보았던 아저씨가 죽었다는 얘기를 들으니 무섭고도 슬펐다. 그즈음에 동네의 한 고등학생 누나가 학교 선생님과 이루어질 수 없는 사랑 때문에 극단적인 선택을 하였다. 이 두 가지 사건이 어린 나의 마음에 큰 충격을 주었다.

인생이 허무하다는 생각을 하기 시작한 것이 그때부터였던 것 같다. 내 앞에서 놀고 있는 친구들이 한심하고 어리게 생각되었다. '에구, 저놈들은 딱지가 뭐라고 저렇게 싸워가면서 따려고 하나', '그까짓 먹지도 못하는 구슬 많이 가져서 무엇 하려고 저렇게…', 심지어 어른들이 돈 벌겠다고 땀 흘리며 일하는 것도 부질없는 것처럼 보였다.

아이는 아이답게 친구들과 그렇게 노는 것이 정상이다. 그런데 나는 그렇게 하지 못하였다. 나의 지나온 삶에 가장 아쉽게 남은 때가 나의 소년 시절인 것 같다. 내가 소년 시절로 돌아갈 수만 있다면 친구들과 열심히 놀고 싶다. 딱지치기도 하고 구슬치기도 하고 전쟁놀이도 할 것이다. 그게 될지는 모르겠지만 인생이 무어냐고 묻는 쓸데없는 생각도 하지 않을 것이다.

이상행동

　친구들과 어울리지 못하고 항상 혼자 떨어져서 엉뚱한 생각에 잠겨 있곤 하던 내가 어느 날부터 이상행동을 하기 시작하였다. 속이 답답해서 견딜 수 없었다. 길을 가다가도 길 위에 삐져나온 돌을 보면 발로 차고 지나갔다. 그리고 몇 발짝 가다가 다시 돌아가서 그 돌을 찼다. 그러기를 여러 번, 그러다가 나중에는 그 돌을 뽑아서 개천 가로 던져 버렸다. 그리고는 곧이어 그 돌이 어떻게 되었는지 확인하러 갔다. 그런 행동을 하는 나를 보면서 나 자신도 어떻게 해야 할지 몰랐고 가슴이 막혀 꼭 죽을 것만 같았다. 나는 정신이 말짱하다고 생각하는데 친구들이 "인환이가 미쳤나 봐." 하고 수군거리는 소리를 들을 때는 정말 미칠 것 같았다.

　그때가 5학년 때였다. 떼어 온 학적부를 보니 1학년부터 4학년까지는 성적이 조금씩 올라서 4학년 때는 수가 둘이나 되었었다. 그런데 5학년 때는 수가 하나도 없고 우 두 개에 나머지는 모두 미와 양이었다. 학적부가 5학년 때의 나의 상태를 그대로 보여주는 것 같았다.

친구 독렬이 아버지인 교회의 목사님이 오셔서 내 머리에 손을 얹고 기도하시던 것이 기억난다. "주님 이 어린 것이 무슨 죄가 있습니까? 주님 속히 고쳐주옵소서." 어머니가 속한 속회의 속장님도 오셔서 기도를 해주셨다. 그러나 아무리 기도를 해 주셔도 내 마음속의 불안과 공포는 사라지지 않고 나도 모르게 계속 이상행동을 하였다. 어머니는 "성경 말씀 읽고 기도해라. 하나님이 고쳐주실 거야."라고 말씀하셨다. 어머니 말씀대로 손에 쪽 복음을 들고 다니며 읽기도 하고 혼자 기도하기도 하였다. 그래도 쉽게 개선되지는 않았다. 그런데 나조차 언제인지도 모르는 순간에 지극히 정상으로 돌아왔다. 불안감과 공포도 사라졌고 이상행동도 하지 않게 되었다.

지금 생각해보니 나에게 찾아왔던 것이 소아 우울증이 아니었나 싶다. 일련의 충격적인 사건들이 마음이 여린 내가 감당할 수 없는 무게로 다가왔다. 그러나 환난 당할 때에 피할 길을 열어 주시는 주님이 나도 모르게 치유해 주신 것으로 믿는다. 그때가 나의 생에 큰 전환기였던 것 같다. 내가 어려울 때 오셔서 기도해 주신 목사님이 귀하게 느껴졌다. 나도 나중에 목사가 되어서 어려운 사람을 위해 기도해주어야겠다는 생각, 그리고 신학 공부를 하면 인생 문제의 해답을 얻을 거라는 생각을 하였다. 지금 생각해보면 어린아이가 참으로 어처구니없는 생각을 한 것이다. 어쨌거나 그때의 결심 때문인지 커서 목사가 되었다. 그러나 어려운 사람들을 위해 충분히 기도해주지 못하여 하나님께 죄송한 마음과, 아직 인생 문제의 해답을 다 얻지 못하고 절름거리며 사는 것 같아 민망한 마음이 들 때도 있다. 감사한 것은 내가 그때부터 공부란 것을 하기 시작했다는 것이다. 6학년이 되어서는 4학년 때 한 번 나타났다 사라졌던 수를 네 개나 찾아왔다.

이름도 모르는 아이야, 미안하다

    6학년 때의 일로 기억한다. 그날도 며칠 남지 않은 치랭이골 물놀이를 하려고 친구들을 불러 모았다. 몇 달 전 어디서인가 이사 온 아이가 하나 있었다. 나보다 한두 살 아래의 아이였는데 항상 어린 동생을 등에 업고 있는 아이였다. 그날도 그 아이는 동생을 업고 있었다. 치랭이골에 놀러가자고 했더니 동생 봐야 한다고 하였다. 그때 포기하고 우리만 갔어야 했다. 그런데 매일 어린 동생을 업고 지내는 사내아이를 데려가서 같이 놀고 싶은 마음에 "동생을 다른 사람에게 맡기고 가자"라며 졸랐다. 결국 그 아이는 우리를 따라나섰다. 동생을 누구에게 맡겼는지는 기억나지 않는다.

    그날 밤 동네 아저씨가 찾아오셔서 "너희들하고 치랭이골에 놀러간 ○○이가 오지 않았다."며 어떻게 된 거냐고 물으셨다. 그 말을 듣는 순간 아차 싶었다. 우리가 데리고 가긴 했는데, 올 때는 그 아이를 보지 못한 것이다. 동네 아저씨들은 같이 갔던 동네 아이들을 일일이 찾아다니며 수소문하였다. 그런데 어떤 아이가 이렇게 말하였다고 한다. "그 아이가 옷을 벗고도 물에 들어가지 못하고 바위에 쪼그리고 앉았다가 미끄러져서 물에 들어갔는데 나오지 않았어요." 이런, 세상에 그것을 보았으면 얼른 주변의 형들에게 얘기해서 건지도록 했어야지… 아무리 어려도 그렇지 멍청한 녀석이라는 생각을 하였다. 수백 명이 헤엄치며 놀고 있던 치랭이골이었지만, 조금 상류 쪽에 혼자 떨어져 앉아 있다가 물에 빠진 그 아이를 다른 사람들은 보지 못하고 그 꼬마만 본 것이었다. 그날 밤 동네 아저씨들이 횃불을 들고 가서 그 아이의 벗어놓은 옷과 시신을 수습하여 왔다.

2014년 4월 16일, 세월호가 가라앉은 날 그 일이 아프게 떠올랐다. 배가 가라앉고 있는 데도 아무것도 하지 않은 정부와 해경의 이해 못 할 태도를 보면서 49년 전의 그 일이 아프게 떠올랐다. 남의 집 아이를 데려갔다가 무책임하게 방치하였던 내가 마치 세월호 참사와 관련하여 무책임한 모습을 보여준 교육청과 단원고 책임자들 같다는 생각이 들었다.

이름도 모르는 그 아이, 새로 이사 온 동네의 아이들에게 이끌려 놀러 갔다가 변을 당한 그 아이에게 참 미안하다. 데려갔으면 같이 잘 놀고 안전하게 집으로 데려다주었어야지… 그 아이의 죽음에 아무도 책임지지 않았다.

  세월호 참사 이후 지금까지 아파하는 유족들을 위해 내가 할 수 있는 일이 무엇인가를 찾으며 작은 일이라도 하려고 하였던 것은, 그렇게 하는 것이 사람으로서의 기본 도리를 하는 것이라고 생각하였기 때문이다. 더구나 우리 교회의 예은이가 희생되었는데 담임목사가 가만히 있어서는 안 되기 때문이었다. 그리고 또 한 가지, 나의 초등학교 때의 실수를 기억하기 때문이다. 그 일에 대하여 참회하는 마음을 가지고 세월호 곁에 서곤 한다. 나라도 조금만 더 그 아이에게 관심을 가졌더라면 그 아이의 가정에 그런 비극이 생기지 않았을 것이라는 자책감이 50년이 지난 오늘까지도 나를 괴롭힌다.

알메다 전도사

초등학교 시절, 어디서 온지도 모르는 이상한 전도사가 한 사람 있었다. 나중에 알고 보니 용문산 기도원 출신이었는데 어떤 사정이 있었는지는 모르지만, 근본도 모르는 그 사람을 목사님이 전도사로 일을 시키셨다. 당시 우리 교회에는 '웨슬리 야간학교'라는 야간 중학교가 있었다. 가정형편이 어려워 중학교에 진학하지 못한 아이들에게 중학교 과정을 교육하였다. 그런데 이 전도사가 그 학교의 책임을 맡았다. 저녁마다 교회에서는 형들의 비명이 들리곤 하였다. 이 전도사라는 사람의 몽둥이찜질에 학생들이 비명을 지르는 거였다. 어린 내가 보더라도 잔인하게 때렸다. 가끔도 아니고 매일 그랬다. 그런데 목사님 사택이 바로 옆이었는데 목사님이 나와서 말리시지도 않는 것 같았다. 때로는 매 맞는 아이의 어머니가 그 옆에서 손을 비비며 "선생님,

한 번만 봐주세요" 하며 비는 데도 들은 척 않고 몽둥이찜질을 해댔다. 아이들을 때리기 위해 사는 사람 같이 보였다.

키가 아주 작고 머리는 말처럼 길쭉하고 도수 높은 안경을 끼고 있는 그에게 우리는 '알메다 전도사'라고 별명을 붙였다. 키가 작은 것을 조롱하며 '일미터' 밖에 안 된다고 하여 '일미터'를 일본식 발음으로 '일메다'로 하였다가 그의 도수 높은 안경 렌즈가 꼭 알다마(구슬) 같아서 '일'을 '알'로 바꾸어 알메다 전도사가 된 것이다. 이 사람이 주일학교도 주관하였다. 체구는 작은 사람이 목소리는 얼마나 우렁찬지, 그리고 혹시라도 걸리면 두들겨 맞을까 봐 우리는 예배 시간에 긴장하곤 하였다.

그러다가 여름성경학교를 하던 어느 날 내가 알메다 전도사에게 걸렸다. 무슨 잘못을 해서 걸린 게 아니라 알메다가 나를 일방적으로 도둑으로 몰아친 사건이었다. 소창시간이었다. 교회는 신발을 벗고 들이기는 마룻바닥이었고, 아이들은 많았다. 적어도 60~70명은 되었을 것이다. 서로 손을 잡고 무슨 노래를 부르며 빙글빙글 돌아가다가 선생님이 "다섯 명" 하면 얼른 다섯 명씩 짝을 만들고 짝을 만들지 못하는 아이들은 아웃되는 그런 놀이였다. 친구들과 손을 잡고 빙글빙글 돌아가는 데 마룻바닥에 빨간 손지갑이 하나 보였다. 어느 여선생님 것인가 보다 하며 그냥 지나쳤다.

집회를 마치기 전 광고 시간에 알메다 전도사가 우리에게 다

눈을 감으라고 하더니 "여러분 가운데 혹시 오늘 빨간 지갑 본 사람 있어요" 하고 물었다. 정직한 것 빼면 자랑할 것이 없는 내가 손을 번쩍 들었다. 그러자 모두 눈을 뜨라고 했다. 눈을 뜨고 보니 나 외에는 아무도 손을 들지 않고 있었다. 그 많은 아이 가운데 그 지갑을 나 혼자 보았을 리는 없었다. 우리가 손잡고 빙글빙글 돌아가는 곳에 있던 빨간 지갑을 아무도 보지 못하였다니 이해가 되지 않았다.

알메다 전도사가 나를 교회주보를 등사하는 등사실로 데려갔다. 그리고는 다짜고짜 "내놔!" 하는 것이었다.

"뭐를요?"

"임마, 네가 가지고 간 지갑 내놓으란 말이야."

막무가내였다. 그래도 나는 본 것을 말했을 뿐이지 지갑을 훔치지 않았다고 하였다. 그러자 알메다의 표정이 좀 더 험악해지더니 때리려고 몽둥이를 찾았다. 그때 문이 열리며 우리 옆집에 살던 홍복녀 선생님이 들어오셨다. "얘는 우리 옆집에 사는 아이인데 절대로 남의 것 훔칠 아이가 아니에요. 전도사님 왜 이러세요" 하면서 싸워주셨다. 그래서 겨우 알메다전도사의 몽둥이찜질 직전에 풀려날 수 있었다. 50년도 더 지난 얘기지만 그때의 생각이 떠오를 때면 수치와 분노의 감정을 다스릴 수 없다. 거듭하는 말이지만 내가 그런 일을 겪고서도 아직까지 교회를 다니고 있다는 것이 기적이다. .

상처를 크게 받았다. 알메다 전도사의 악행은 그렇다 치고 왜 다른 녀석들은 본 것을 보았다고 손을 들지 않았을까 하는 생각에 친구들이 싫어졌다. 돌이켜보면 나만 바보였다. 다른 아이들은 알메다가 지갑 얘기할 때 이미 눈치챈 것이다. "아, 그 지갑이 없어졌나 보다. 보았다고 했다간 어떤 변을 당할지 모르니까…" 하면서 손을 들지 않았던 것이다. 그 후로부터 교회에 가지 않았다.

그로부터 얼마 후, 교회에 육군 헌병들이 들이닥쳐 알메다에게 수갑을 채운 채 지프에 태워서 어디론가 데려갔다. 어른들의 말씀에 의하면 알메다는 병역을 기피하고 이곳저곳에서 사기 치고 다니던 사기꾼이었다는 것이다. 병역을 기피하고 우리 교회로 피신한 사람을 목사님이 그의 말만 믿고 일을 맡겼던 것이었다. 하기야 말을 청산유수처럼 잘하는 그에게 넘어가지 않을 사람은 없었을 것이라는 생각을 해 본다. 그가 체포되어 떠난 다음에는 야간학교에서 비명이 더 들리지 않았다. 몇 년 동안 그 사기꾼을 전도사님이라고 불렀던 것이 억울했다. 억울했던 것보다 더 한심한 것은 그 다음의 이야기이다.

알메다가 육군교도소에서 복역 후 또다시 우리 동네에서 20리 떨어진 곳 교회에 담임 전도사로 왔다는 사실이다. 당시는 목회자가 부족한 때였다. 알메다는 그런 틈새를 이용하여 교회를 맡게 된 것이다. 거기서 야간학교 만들고 아이들 두들겨 패는 일을 다시 시작하였다. 선거철만 되면 동네마다 돌아다니며 "일하는 황소를 여러분이 밀어주셔야 합니다"라고 연설을 하면서 박정희와 공화당의 앞잡이 노릇을 하였다. 그러다가 어느 날 사기를 치고 감옥에 갔고 징역을 마친 후에도 이전과 비슷한 행보를 보이다가 어느 날 젊은 나이에 죽었다고 한다.

검증되지 않은 사람을 교회 전도사로 일을 하게 한 것이나 병역기피 죄로 복역하고 나온 사람을 또 교회 전도사로 파송한 것이 호랑이 담배 먹던 시절 이야기 같다. 그런데 요즘 한국 기독교의 형편을 보니 그 '호랑이 담배 먹던 시절 이야기'가 반복되고 있는 듯하다. 이러저러한 부도덕한 일로 문제를 일으킨 목사가 몇 달이나 몇 년만 지나면 아무 일 없었다는 듯이 재기(?)하는 것을 보면서 우리가 지금 '호랑이 담배 먹던 시절'을 살고 있는 것은 아닌가 하는 생각이 든다.

모범상
(주일학교 졸업예배)

주일학교를 몇 달간 나가지 않았다. 2학년 때 주일날 치랭이 골에 갔다가 손을 다친 후부터 교회를 빠진 적이 없었는데 6학년 여름이 지난 후부터 교회에 나가지 않았다. 아무래도 알메다에게 받은 충격이 컸던 것 같다.

해가 바뀌어 3월 첫 주일날(3월 2일), 친구 셋이 찾아왔다. 담임 목사님 아들 독렬이, 오 장로님 아들 명동이, 구 속장님 아들 동우였다.

"인환아 오늘 졸업예배 드리는 날인데 교회 가자."

"나 교회 안 가!"

"너 오늘 졸업예배 때 모범상 준대. 가자."

"교회도 안 나갔는데 무슨 모범상이나? (강원도 사투리는 '나' 가 아니고 '나'이다.) 안 가!"

"선생님이 너 꼭 데리고 오랬어. 너 오늘 안가면 우리도 안 간다."… 할 수 없이 친구들에게 이끌려 몇 달 만에 주일학교에 갔다. 친구들의 말대로 모범상을 받았다. 교회 출석을 여러 달이나 하지 않은 내가 모범상을 받는다는 것이 말도 되지 않는다는 생각에 그걸 받으면서 민망하고 창피한 생각이 들었다.

모범상장을 타가지고 오긴 했지만 이건 말도 안 된다 싶기도 하고 모범상장을 받아온 것 자체가 창피하기도 하여 찢어버리려고 펼쳤다. 그런데 선생님들이 손으로 그려서 만든 모범상장이 너무 정교하고 정성이 담긴 것이었다. 그래서 차마 찢어버리지는 못하고 초등학교 졸업장과 함께 기다란 플라스틱 통에 넣어두었다.

몇 년 전, 집 안을 정리하면서 그 통을 열어보았다. 50여 년 된 그 상장이 깨끗이 보존되어 있었다. 그것을 받은 자체가 창피하여 열어보지 않은 덕이다. 한참을 뚫어지게 읽었다. 그때 주일학교 선생님들은 왜 나에게 전혀 어울리지 않는 모범상을 주셨을까를 생각하다가 얻은 결론은. 지난 여름성경학교 때 알메다에게 상처 입고 주저앉아 있는 나를 위한 교회 선생님들의 고심 어린 배려가 아니었을까 하는 것이다.

아무튼 그날이 계기가 되어 나는 다시 교회에 다니게 되었다. 그때 받은 모범상장은 내가 가지고 있는 오래된 물건 중에 두 번째로 오래된 것이다. 그 상장을 받은 것이 오랫동안 창피하였었지만 지금은 그것 또한 나에게 새로운 기회를 주시려는 하나님의 섭리였다고 믿으며 영광스럽게 생각하고 감사할 뿐이다.

내가 세월호 가족들
곁을 지키려고 조금이라도
힘써 온 것은 예수님이 가르치시고
자신이 몸소 실천하신
'공감과 환대'를 조금이라도
흉내 내려는 것이었다.

07

새 세상을 만나다

"보라 이제 내가 새 일을 행하리니
이제 나타낼 것이라 너희가 그것을 알지 못하겠느냐
반드시 내가 광야에 길을 사막에 강을 내리니."

(이사야 43:19)

1975년

감리교신학대학에 입학한 1975년은 내 삶의 변환점이었다. "앞산과 뒷산에 말뚝 박고 빨랫줄을 건다"는 우스갯소리까지 있는 좁은 골짜기에서 태어나고 자란지라 우물 안 개구리와 다름없던 내가 넓은 세상을 구경하며 살기 시작한 해이기 때문이다.

당시에는 대학교 입학시험을 치르기 위한 자격을 부여하는 예비고사가 있던 때였다. 전국 수험생 가운데 절반만 합격하는 예비고사는 시골 학생들에게는 적잖이 부담되는 시험이었다. 대학입학예비고사를 치르고 점수를 계산해보니 제1지망인 서울지역의 합격선을 겨우 넘을 듯 하였다. 본디 취미가 없던 수학과 과학은 겨우 반타작이었다. 그 외의 암기과목은 겨우 반을 조금 넘어섰다. 그런데 국어와 영어는 한두 문제씩만 틀렸을 뿐 거의 만점에 가까웠다. 국어와 영어에서 얻은 좋은 점수 덕에 결국 제1지망인 서울에 합격하여 감리교신학대학 응시자격을 얻었다.

당시 감리교신학대학 입학시험 과목은 영어와 성경과 면접이었다. 내 기억으로 영어는 만점이었거나 만점에 근접했던 것 같다. 그런데 문제는 성경시험이었다.

문제 : 성경에서 공관복음은 어떤 책을 말하는가?
답 : …

들어보지도 못한 공관복음이 무어냐는 문제 때문에 당황하였다. 성경과목 수업이 있는 배재고등학교 쯤 나온 학생들만 대답할 수 있는 문제였다. 아니면 서울의 학생들은 교회에서 들어봤을 수도 있겠다는 생각을 하였다.

문제 : 로마서 13장 1절에 대하여 어떻게 생각하는지를 서술하시오.
답 : …

문제지에는 로마서 13장 1절의 내용도 적어주지 않으면서 그 말씀에 대하여 자기 의견을 적으라고 하니 말 그대로 까만 것은 글씨, 흰 것은 시험지일 뿐이었다. 그런데 시험을 마친 후 다른 학생들이 서로 얘기하는 것을 보니 그들은 로마서 13장 1절이 어떤 내용인지 아는 것 같았다. 시험 며칠 전에 당시 김종필 총리가 TV에 나와서 그 성경 구절을 인용하면서 얘기를 했다는 것이었다. 당시 박정희 독재정권을 합리화하고, 독재정권에 항거하는 교회의 힘을 누그러뜨리려 한 것이었을 게다. 그런데 우리 집에는 TV가 없었다. 그러니 당연히 김종필 총리의 연설은 듣지 못한 터였다. TV를 시청한 도시학생과 TV를 시청하지 못한 산골학생의 차이가 시험점수에도 영향을 미치다니….

입학정원이 50명인데 47명이 시험을 치렀다. 성경 시험은 거의 빵점에 가까울 것 같다는 생각에 불안하기도 했지만 그래도 미달이니까 무조건 합격할 줄 알았다. 그런데 합격자 발표가 있던 날, 본관 2층 제일 큰 강의실에 모인 수험생들에게 박봉배 교무과장님이 하시는 말씀에 가슴이 철렁하였다. "50명 정원에 47명이 시험을 쳤는데, 영어가 잘 되지 않는 일곱 명은 불합격하였으니 미안하지만, 입학금 고지서를 받지 못하는 일곱 명 학생은 조용히 나가 달라"는 것이었다. 이런? 세 명이 미달인데도 일곱 명이나 불합격시키다니? 황당하기도 하고 불안하기도 하였다. 다행히 내 이름은 불렸고, 일곱 명은 머리를 푹 숙인 채 밖으로 나갔다. 감리교신학대학에 아슬아슬하게 입학할 수 있었다.

신학대학에 입학하여 제일 먼저 놀란 것은 서울의 고등학생들은 예비고사에 떨어지는 사람이 거의 없다는 것이었다. 나는 나름대로 열심히 공부하고 장학금도 받았는데 예비고사는 겨우 합격하였다. 그런데 서울의 친구들은 예비고사 때문에 신경 쓰지 않는다는 것이었다. 이런, 젠장.

또 놀란 것은, 같이 입학한 친구 중에 서울 친구들이 내가 처음 들어보는 영어 노래를 부르는 것이었다. 비틀스가 어쩌고 카펜터스가 어쩌고 자기들끼리 얘기하는 데, 나는 그들이 방언하는 줄 알았다. MBC FM이 어쩌고 KBS FM이 어쩌고 하는데, FM 방송이 단파방송이라는 것은 알겠는데 그들이 말하는 FM 방송이 주로 무엇을 방송하는지 알 수 없었다. 그래서 어느 친구에게 어렵사리 FM 방송이 뭐 하는 방송이냐고 물었더니 "너 정말 몰라서 물어" 그러더니 "이놈 진짜 촌놈일세" 하는 것이었다. 진짜 촌놈인 것은 맞지만 촌놈이라는 말을 들으니 기분이 좀 거시기 하였다.

입학하고 나서 며칠 안 되어 공부를 열심히 하시는 4학년 형님들이 들어오시더니 감리교신학대학에서 앞으로 어떻게 공부해야 하는지 어떤 책을 읽어야 하는지를 한 수씩 가르쳐주었다. 다른 친구들은 신배들의 이야기를 들으면서 고개를 끄떡이고 질문도 하는 데 나는 그냥 앞이 캄캄하였다. "저는 교과서 외에는 아무 책도 읽어보지 못했는데(실은 중학교 때 소설 몇 권은 읽었다.) 선배님들이 소개하시는 신학·철학책들은 읽기 어려울 것 같은데 어떻게 하면 됩니까" 하고 물었다. 그러자 이덕주 선배님이 "성경은 읽어봤죠?"라고 물으셨다. "예, 성경은 읽어봤습니다." "그러면 됐어요. 성경을 읽어봤으면 우리가 소개하는 책 다 읽을 수 있어요"라고 덕담을 해주셨다. 그 말씀에 용기를 얻어 신학서적을 읽기 시작하였다. 그때 그런 이야기를 듣지 못했다면 나는 책 울렁증에 빠졌을 지도 모르고 수업마다 책을 읽고 제출해야 하는 레포트도 작성하지 못했을지도 모른다.

하루하루 지날수록 같이 입학한 친구들이 모두 좋은 친구들이어서 좋았고, 전교생 200명밖에 되지 않는 학교의 모든 선후배와 교수님들이 한 가족처럼 지내는 것에 행복하였다. 둘이 모이면 2중창, 넷이 모이면 자연스레 4중창이 되는 학교의 음악적인 분위기는 그때까지 경험하지 못했던 경이로운 분위기였다. 음치인 상태로 입학하였지만 몇 달이 지나면서 나도 친구들과 함께 중창이나 합창을 할 수 있는 능력(?)을 갖추게 되었다.

1975년 감리교신학대학 입학은 나의 삶의 제2막의 시작이었다. 그리고 그것은 내게 분에 넘치는 큰 복이었다.

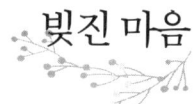
빚진 마음

감리교신학대학에 입학한 1975년은 한창 한국교회가 부흥하던 때였다. 목사가 되어 인생 문제의 해답을 찾겠다는 어린 시절의 꿈은 큰 교회 담임목사가 되는 것으로 바뀌어 있었다. 당시 한국교회의 흐름과 분위기에 빠져있는 평범한 신학생으로 4년을 지냈다. 당시는 박정희 독재 시대였다. 사회현실에 눈을 뜬 대학생들이 서항하던 때였다. 빈민운동이나 노동운동을 하는 신학생들이 있었고, 시위하다가 체포되어 징역을 사는 신학생들도 있었다.

1학년을 마치고 겨울방학이 막 시작된 어느 날 당시 사당동에서 빈민운동을 하던 1년 선배가 기숙사에 있는 나를 찾아와서는 책을 한 보따리 보여주며 "나랑 같이 공부하자"고 하였다. 소위 운동권 서적이었다. "형, 나는 형이 하는 운동을 좋게 생각하지만 나는 못합니다. 내가 감방 가면 나를 어렵사리 신학교에 보낸 어머니께 불효하는 것인데, 죄송하지만 못합니다"라며 단칼에 거절하였다. 평소 순하디순한 그 선배가 "그려, 그럼 할 수 없지 뭐" 하면서 돌아서던 그 외로워 보이던 모습을 44년이 지난 오늘도 잊을 수 없다. 그 선배는 며칠 후 사당동 빈민촌에서 연탄가스 중독으로 세상을 떠났다. 너무나 미안하였다. 그 후로부터 오늘까지 그 선배에게, 그리고 당시 시대의 아픔에 자기 몸을 던지며 고난의 길을 갔던 모든 이들에게 빚진 마음으로 살아왔다.

군대에 가서
헛된 꿈에서 깨어나다

    1981년에 군목으로 입대하였다. 입대할 때만 해도 연장근무를 하려는 마음을 가지고 있었다. 의무복무 연한이 3년인데, 2년 이상 연장근무를 신청하면 2년 동안 국비로 미국에 유학할 수 있는 길이 있었다. 그렇게라도 넓은 세상을 체험하고 싶은 마음이 있었다. 그러나 입대한 지 얼마 되지 않아 일련의 사건들과 현실들을 접하면서 그런 소박한 꿈은 깨어졌고 그것은 내 삶의 전환점이 되었다. 군대에서 세상에 대한 눈을 뜨게 되었다. 당시 군목으로 입대했다는 것은 중앙정보부의 신원조회를 통과했다는 것이고, 신원조회를 통과했다는 것은 데모하는 사진 한 장이라도 찍히지 않았다는 것을 의미하기도 하였다. 사진 한 장 때문에 군목 입대를 앞두고 목사안수까지 받은 상태에서 사병으로 입대하는 이들이 심심찮게 있던 때였다.

    군목은 자기 부대교회뿐 아니라 군목이 없는 인근 부대의 예배도 담당하는 경우가 많다. 어느 날 인근 포병대대의 예배에 갔더니 상병 계급장을 단 병사 하나가 눈이 풀린 채 침을 흘리며 앉아 있었다. 예배를 마친 후에 군종병에게 "저 병사는 좀 모자란 사람 같아 보이는데 어떻게 군대에 왔는가"라고 물으니 학변자란다. 당시 '학변자'는 학생 신분으로 있다가 갑자기 군대에 끌려온 사람을 말하였다. 당시 박정희 정부는 조금이라도 눈엣가시 같은 학생은 붙잡아다가 군대에 쳐 넣었다. 그 부모에게는 알리지도 않았다. 훈련을 마치고 자대배치를 받은 후에야 부모에게 "당신의 아들이 ○○부대에서 근무하고 있다"고 알려주던 때였다.

그 병사는 서울대 법대에 다니던 중 데모대에 끼어있는 사진 때문에 체포되어 군대에 온 학변자였다. 매일 아침 일과시간이 시작되기 전에 부대 내의 보안반에 끌려가 똑 같은 질문을 받고 때리면 맞고 고문당하는 일이 반복되다 보니 그만 바보처럼 되었다는 것이었다. 그의 이름을 지금 기억하지 못하지만, 키가 후리후리하고 길쭉하게 잘생긴 얼굴, 그러나 그의 알이 두꺼운 안경 속에 풀린 눈, 침을 흘리며 앉아있던 그 모습은 오늘도 어제 본 모습같이 눈에 선하다. 그가 제대하기 전에 내가 세례를 주었다. 지금 어디에서 어떻게 살고 있을지 궁금하다. 그 병사를 보면서 그때까지 가지고 있었던 큰 교회 담임목사가 되는 꿈이 얼마나 부끄러운 것인가를 생각하였다.

한 번은 예하 대대의 어느 병사가 군사재판에서 월북기도자라는 죄목으로 2년 형을 언도받는 일이 있었다. 전방 GOP 근무를 두 대대가 각각 6개월씩 하게 되어 있었는데, 전방에 올라가면 6개월간 밖으로 나올 수 없던 시절이었다. 그래서 전방투입을 앞둔 병사들에게는 1주일 휴가를 주었다. 그런데 이 병사가 휴가 떠나는 날 북한에서 날아온 '안전보장증'(삐라)을 소지하고 있다가 주번사령에게 발각되었다. 집에 가서 주변 사람들에게 보여주려고 했던 것 같다. 그런데 하필이면 안전보장증을 가지고 휴가 가다가 걸리면 처벌한다는 교육을 받은 직후였다. 군기교육대에 며칠 보내거나 사단 영창에 며칠 가두는 정도면 충분한 처벌이었을 것이다. 그러나 이 병사는 보안반에 끌려가 "너 월북하려고 했지?"라며 고문하는 것을 버텨내지 못하고 "예"라고 대답하고 말았다. 상식적으로 생각해도 그것을 가지고 월북할 생각이었으면 부대 이딘기에 숨겨놓았다가 전방으로 투입될 때에 가지고 올라갈 생각을 했을 것이다.

헌병대 영창에 갇혀있던 그 병사를 면회하고 나서 겁도 없이 보안반장에게 "당신 한 건 하기 위해 한 젊은이를 이렇게 고문하고 망가뜨려도 되느냐"고 항의한 것이 문제가 되었다. 보안반장이 연대장에게 "군목이 보안반 하는 일에 간섭한다"며 꼬아 바친 것이다. 연대장은 교회에 나오는 아주 좋은 분이었다. 그러나 보안반장의 얘기를 들은 연대장이 화를 내셨다는 군종병의 얘기를 듣고 이튿날 연대장실에 갔더니, "목사님, 아직 군대를 잘 몰라서 그러시는데, 조심하셔야 합니다. 왜 잘 마무리되어 가는 데 평지풍파를 일으키십니까?"라고 하였다. 자신을 곤란하게 한 군목에게 차마 화를 내지 못하고 조용히 타이르는 연대장에게 죄송하였다. 그러나 또 한 편으로는 내가 신앙 양심을 속이면서까지 군대 생활을 오래하면 안 되겠구나 하는 생각을 하였다.

얼마 후에는 전방철수를 이틀 앞둔 부대의 선임하사와 병사들 네 명이 지뢰사고로 목숨을 잃는 안타까운 일이 생겼다. 사단 참모 중의 한 사람이 자기 후배인 대대장에게 "바둑판 만들 피나무 하나 잘라 와"라는 부탁을 하였고 대대장은 그것을 부하들에게 시켰던 터였다. 바둑판 만들 만한 안전지대의 피나무는 이미 수십 년간 다 베어버리고 미확인지대에만 몇 그루가 있었는데 거기에 들어갔다가 사고를 당한 것이었다. 어처구니없는 억울한 죽음이었다. 그러나 부대는 유족들에게 "화목작업하다가 사고를 당하였다"고 둘러대었다. 전두환 독재 시절이었다. 군대가 왕 노릇하던 때였다. 전방철수를 이틀 앞두고 화목작업을 하는 부대가 어디 있단 말인가? 삼척동자가 들어도 말이 안 되는 해명이었지만 자기 아들 혹은 동생의 죽음을 보고서도 제대로 묻지도 따지지도 못하고 오히려 주눅 드는 유족들을 보면서 분노하였다. 그러나 나 역시 아무것도 할 수 없었다. 그저 죽은 자의 장례식만 치를 뿐이었다.

군 의문사가 여러 건 있었다. 내 경험에 비추어 보건대 군 의문사는 거의 모두 억울한 죽음이다. 아무리 군목이라 하더라도 진실을 말하지 못하고 죽은 자의 장례식만 한다는 것이 너무 괴롭고 힘들었다. 그때까지 생각해왔던 세상이 아니라는 것을 다시 깨달았다. 그리고 미련 없이 의무복무 3년만 하고 제대하였다.

10배로 갚을께요

 군목생활 제2년차이던 1982년 6월 어느 날, 신학대학 3년 후배 최헌영 일병이 교회 사무실로 찾아왔다. 그때 나는 51연대 군목이었고 최헌영 일병은 내가 담임하고 있던 독수리군인교회와 큰 고개 하나를 사이에 두고 있는 52연대 신병교육대 군종병이었다. 큰 고개를 걸어서 넘어온 최일병이 땀을 뻘뻘 흘리면서 사무실에 들어서자마자 "형, 돈 2만 원만 줘요." 하는 것이었다.

 "무슨 돈?"

 "이번에 입대한 훈련병들이 너무 고생이 많은 것 같아서 제가 떡이라도 해서 먹이고 싶어서 그럽니다."

 "너네 52연대 군목에게 가서 달라고 그래야지 왜 51연대군목에게 와서 달래? 나 돈 없다." "아니 형, 선배 좋은 게 뭡니까? 좀 주세요." 그 얘기를 듣는 순간, 수십 년 전 어머니가 동네 쌀집에서 좁쌀 두 되를 외상으로 달라고 하셨다가 거절당하셨던 것이 생각났다. 얼마나 부끄러우셨을까? 나에게 도움을 청하는 후배를 그냥 빈손으로 돌려보낸다면 그를 부끄럽게 하는 것이라는 생각에 즉시 가계수표를 꺼내 '3만 원'이라고 적어주었다. 그때 중위 월급 11만 원을 받았고, 그것도 혼자 쓰지 못하고 일부를 덜어서 어머니께 생활비를 보내드리던 때였다. 나에게 3만 원은 아주 큰돈이었다. "너 이거 나중에 돈 벌면 갚아야 된다."는 내 말에 "알았어요. 제가 10배로 꼭 갚겠습니다. 고마워요." 하면서 자기 부대를 향하여 뛰어가는 그의 뒷모습이 보기 좋았다.

2001년 10월, 화정교회 이야기책 '때론 자전거를 메고 갈 수도 있다'를 출판한지 며칠 째 되던 어느 날 화천제일교회 최헌영 목사가 전화를 하였다.

"책 내셨다면서요? 한 권에 얼마씩 판매해요?"

"오천원."

"60권만 보내 주세요. 그럼 20년 전에 3만원 꾼 것 10배로 갚는 겁니다."

"아니 이 사람아, 무슨 계산이 그래? 20년 동안 물가상승율도 있지. 그리고 책 출판비용도 있잖아. 10배가 아니지."

"알았어요 알았어, 일단 60권 보내주세요."

말로는 10배가 아니라고 우기는 척 했지만 마음으로는 그가 10배보다도 훨씬 많은 것으로 갚는 것이라고 생각하였다.

15년 전, 화정교회 중고등부 학생 20여 명을 데리고 화천군청에서 운영하는 캠프장에 여름수련회를 하였다. 가까이에 있는 최헌영 목사에게 전화를 하였더니 학생들 저녁을 사 주겠다며 다 데리고 오라고 하였다. 학생들을 화천제일교회 옆 식당에 데려다 주고 나는 누군가를 만나기 위해 잠깐 자리를 비웠다. 저녁밥을 먹고 돌아온 아이들이 최 목사에게 들은 말을 해주었다. "너네 목사님은 대한민국에서 제일 훌륭한 목사님이다. 내가 20년 전에 2만 원만 달라고 했더니 3만 원을 주신 분이야..." 그 말을 전해주는 아이들의 표정이 아주 밝았다. 최헌영 목사가 나에게 10배가 아니라 30배 60배 100배로 갚아주었다.

더위에 고생하는 신병들을 위로하기 위해 어려운 걸음 하여 선배에게 돈을 달라고 하였던 최헌영 일병은 지금 원주제일교회의 담임목사이다. 몇 년 전에는 동부연회 감독도 하였다. 큰교회 목사가 되거나 높은 자리를 차지하는 것이 목사의 목표가 되어서는 안 된다는 것은 분명하다. 그러나 최목사가 오늘 누리는 모든 것은, 고생하는 신병들을 애틋하게 생각하는 마음과 그의 의리를 지킬 줄 아는 삶에 하나님이 주신 은혜라고 생각한다.

6.10 항쟁 때
어디 있었나?

딸 아이가 중학교 3학년인가 되었을 때 물었다. "아빠는 1987년 6.10 항쟁 때 어디 있었어?" "응, 필동교회 청년들과 시청 앞 광장에서 데모했지." 내 대답을 들은 딸이 "우리 아빠 최고다."라며 좋아하였다. 어디서 6.10 항쟁에 대하여 들었나 보다. 그리고 그 6.10 항쟁이 우리나라 민주화의 역사에서 큰 획을 그은 사건이라는 얘기를 들었나 보다. 그 위대한 역사적 순간에 서울에 살던 자기 아버지가 어디에 있었는지 궁금해서 물어봤으리라. 딸에게 "청년들과 함께 시청 앞 광장에서 데모하고 있었다."고 얘기해 줄 수 있는 자신이 뿌듯하였다.

사실 6월 10일 당일에는 NCC(한국기독교교회협의회)의 목회자 소집령(?)에 응하여 클러지칼라를 착용한 목사들 50여 명과 함께 스크럼을 짜고 시청 앞 광장에 있었다. 전투경찰이 최루탄을 쏘면 곧장 달려가 쏘지 마라며 소리치기도 하였다. 그날에는 100만이 넘는 시민들의 시위에 이미 사기가 저하된 전투경찰들은 적극적인 진압을 하지 못하고 있었다.

군목제대 후 4년 동안 필동교회 부목사를 하면서 청년들을 지도하였는데, 청년들과 함께 시청 앞에 나가 시위를 했던 것은 6월 10일 이전이었던 것으로 기억한다. 당시 필동교회 담임목사님은 반공포로 출신이며 부흥사이셨는데, 부목사가 담임목사님의 목회 방향과는 다른 행보를 한다는 것이 죄송하기도 하였다. 그러나 또다시 그런 상황이 온다 해도 그때와 같이 할 것 같다. 자기들의 권력을 유지하기 위해 인권유린과 살인을 스스럼없이 행하는 것을 보고도 침묵한다면 그것은 예수님을 믿는 사람의 태도가 아니라고 확신하기 때문이다.

삶의 현장을 생각하지 않는 이원론적인 신앙은 기독교 신앙과 거리가 멀다는 생각은 예나 지금이나 변함이 없다. 1987년으로부터 27년이 지난 2014년 6.10 항쟁 때 시청 앞에 함께 나가 시위하던 필동교회 청년들을 광화문 세월호 광장에서 만나게 되었다. 반갑기도 하였지만, 그들 거의 모두가 교회를 떠나있다는 것에 마음이 아팠다. 내가 잘못 지도하였다는 자책감과 함께 지난 30여 년간 한국교회가 젊은이들이 머물 만큼 품이 넓지 못했다는 생각이 들기도 했었다.

화정교회

    1989년 9월, 화정교회의 담임자인 친구 신현승 목사가 늦은 밤에 전화를 하였다. 자기가 갑자기 다른 곳으로 가게 되었는데 후임으로 와 줄 수 있느냐는 전화였다. 즉시 싫다고 하였다. 이전에 동기 모임이 있어서 한 번 갔던 화정교회는 사방이 산으로 둘러선 시골 마을이었다. 그런 시골에 가서 산다면 답답할 것 같았고, 무엇보다 아이들을 도시에서 공부시키고 싶었던 꿈이 사라질 것 같았다. 강원도 깊은 산골짜기에서 태어나 자란 것을 아쉬워하며 내 아이들은 도시에서 키워야겠다는 생각을 할 때였던 터라 쉽게 싫다고 하였던 것 같다. 그런데 "나 그런 시골에는 가지 않겠다"는 말을 잠결에 들은 아내가 눈도 뜨지 않은 채 "목사가 오라는 데 있으면 감사합니다 하고 가야지 뭘 골라가려고 해요."라고 말하는 것을 듣고 다시 전화를 하였다. "신 목사, 내가 화정교회에 갈게."

그렇게 해서 내 인생의 거의 반인 30년을 살게 된 이곳 화정교회에 부임하게 되었다. 와 보니 첩첩산중에 논과 밭으로 둘러싸인 시골이었다. 오긴 했지만 아이들을 도시에서 공부시키고 싶은 생각을 버리지 못하여 3년 정도 머물다 탈출하겠다는 못된 생각을 가지고 부임하였다. 그런데 어느 날, 한 노인 권사님(문학 순권사)이 "목회자들이 부임하여 2년이나 3년쯤 있다가 목사안수만 받으면 도시의 좋은 교회로 훌쩍 떠나버리더라"면서 "목사님도 그럴 거죠"라며 물어왔다. 순간 속마음을 들킨 것 같아 당황하면서도 "아니요, 전 그렇게 안 할 겁니다."라고 거짓말을 하였다. 그러자 "나 죽거든 장사 치러주고 떠난다고 약속하실 수 있어요?"라고 물으셨는데 그때 그 권사님이 76세이시니까 80세쯤 넘으면 돌아가시겠거니 하는 생각이 들었다. 그러면 애초 속으로 계획했던 3년에 2년이나 3년만 더 보태면 되겠다는 생각에 "그러죠. 뭐"라고 약속을 하고 말았다. 그런데 그 권사님이 95세에 돌아가셨다.

그때까지 그 권사님이 말씀하시던 '도시의 좋은 교회'에서 청빙제의가 몇 번 있었지만 떠날 수 없었다. 권사님 장례를 치루고 보니 어느덧 오십 대 중반의 나이가 되었고 더 이상 오라고 하는 '도시의 좋은 교회'가 없었다. 그러나 어느덧 화정교회가 '좋은 교회'가 되어 있었다. 주변이 도시화되면서 교세도 커졌고 가진 만큼 이웃과 어려운 교회를 위해 봉사하고 헌신할 줄 아는 교회가 되었다. 100주년 기념 예배당 건축을 하면서 은행 빚도 얻었지만, 건축의 첫 삽을 뜨는 날, 건축비 한 평 값을 덜어 동네에서 홀로 사는 한 장애인 아주머니의 부엌을 수리해 드렸다. 재정적으로 어려운 형편이었지만 몇 년 동안 도와오던 미자립교회 지원금을 축소하거나 끊지 않았다. 그리고 지금은 33곳의 교회나 단체를 위해 적게나마 후원금을 보낼 수 있는 교회로 성장하였다. 100주년 기념예배당 건축을 마친 후부터 시작한 '농어촌의 작은 교회에 화목난로 설치해주기' 사업은 어느덧 올해 13번째가 되었다. 대단히 큰 사업도 아니고 큰 금액을 들이는 것도 아니지만 정성을 모아 하는 일이다. 우리 교회가 풍족할 때가 아니라 오히려 건축 빚을 지고 있는 어려운 상황에서 시작한 일인데 담임목사의 뜻을 잘 이해하고 협조해 온 화정교회의 순수한 성도들에게 항상 고마운 마음을 가지고 있다. 화정교회의 자랑 중 하나가 바로 헌신하고 봉사할 줄 아는 교회라는 것이다.

화정교회 부임 초기부터 화정교회 교인들의 옛이야기를 많이 들었다. 예를 들면, 갓 부임한 전도사님께 선물로 드리기로 하고 안양에 가서 산 자전거를 메고 온 젊은 권사님의 이야기, 20여 명밖에 되지 않던 교인들이 1주일씩 당번을 정하여 총각전도사에게 꼬박 5년 동안 밥을 해 준 이야기…. 소박한 농촌 사람들의 이야기이지만 현대교회가 잃어버리고 만 보석 같은 이야기들이었다. 너무나 소중하다고 생각하여 주보에 연재하였다가 나중에 책을 냈다. 《때론 자전거를 메고 갈 수도 있다》(2001, 한생명)와 《꽃우물에 따뜻한 교회가 있네》(2008, 도서출판KMC)이다. 알아주는 이 없고 주목받지 못하는 소박한 사람이라도 사람은 누구나 소중하다는 것, 그들의 삶이 어두운 하늘에서 빛을 내는 별과 같다는 것, 그리고 이야기는 전하여 주는 사람이 없으면 사라지는 것이라는 생각에 그들의 이야기를 기록하였다.

화정교회는 전통적으로 목회자를 잘 대접해 온 교회이다. 그것은 전도사님께 선물할 자전거를 어깨에 메고 온 교인 이야기, 총각 전도사에게 5년 동안 식사를 대접한 교인들의 이야기 등에서 엿볼 수 있다. 목회자를 존중하고 정성스레 대접해 온 교인들의 옛 이야기들을 들으면서, 화정교회의 역대목회자들이 교인들에게 권위적이었을 수도 있었겠다는 생각을 하였다. 모내기가 한창이던 어느 날 집사님 한 분이 전화를 하였다. "목사님, 못밥 드시러 오세요." "어디로 갈까요." "저희 집으로 오세요." "왜 논으로 오라고 하지 않고 집으로 오라고 하세요?" "목사님 상은 집에 차렸어요." 가 보니 상다리가 부러지도록 음식을 차려 놓았는데, 들에서 일하는 사람들은 들에서 밥을 먹고 목사님은 항상 집으로 모셔서 밥상을 차려준다는 것이었다. 그 마음이 고맙기는 하지만 먹으면서도 불편하였다. 그래서 "다음부터는 저도 들에 가서 같이 먹을 테니 집에다 따로 차리지 마세요. 집으로 오라 하면 안 올 겁니다." "아유, 그래도 목사님을 어떻게 들에서 잡숫게 해드려요..." 그날 이후로 모내기철과 추수철에는 논에 가서 같이 밥을 먹곤 하였다. 목사를 위해 상을 따로 차리는 그 마음과 정성은 고맙지만 그렇게 하기 위해서 그 바쁜 농사철에 그들의 일손을 빼앗는 것이라고 생각하니 그런 대접을 받는 것이 민망하였기 때문이다.

    교인들이 일하는 논과 밭에 가서 조금씩 거들어주기도 하고 이야기를 나누다보니 현장이 보였다. 안산이라는 공업도시가 만들어지고 전국 각 지로부터 사람들이 모여들고 있던 때였다. 그때만 해도 화정동은 주민 모두가 농사를 짓는 농촌마을이었다.(지금도 농촌이지만) 고향을 떠나 안산에 정착하게 된 시민들이 주말마다 화정동을 찾아왔다. 그런데 문제가 생기기 시작하였다. 주말마다 시내에서 들어온 사람들이 재미삼아 고추를 몇 개 따 간다든가 참외를 따 먹기도 하고 깻잎을 따가는 것이었다. 따 가는 사람들은 한 두 개 따는 것이지만 하루에도 수많은 사람들이 그렇게 하니 농부의 입장에서는 너무 힘든 일이었다. 게다가 본디 순하디 순한 화정동 주민들은 그들을 제지하지도 못하는 입장이었다. 이미 젊은이들이 많이 도시로 떠나 버리고 젊은이라고는 교회의 집사님 몇 명밖에 되지 않는 마을이 조금 더 지나면 노인들만 남게 될 것이라는 생각이 들었다. 어느 날, 화정동을 드나드는 안산시민들이 아마 자기들이 떠나온 고향을 생각하며 찾아올 거라는 생각을 하였다. 소유한 전답을 팔아 안산시내에서 작은 가게라도 하나 운영해보려는 계획을 가지고 있는 집사님 내외에게 고향을 떠나 도시살이를 하는 사람들이 찾아와 고향의 정취를 느낄 수 있는 토속음식점을 차려보라고 권면하였다. 그들이 처음에는 엄두를 내지 못하고 주변 사람들도 모두 안 될 일이라며 고개를 저었지만 어렵사리 시작하고 보니 생각했던 것보다 훨씬 장사가 되었고, 고향을 떠나 외지에 살던 교인이 고향으로 돌아와 음식점을 차리기도 하면서 동네에 음식점이 하나 둘씩 늘어갔다. 좋은 것은 음식점을 하는 교인들의 수입이 늘어난 것과 따라서 교회가 재정적으로 넉넉해진 것이다. 그러나 한 편으로는 무분별하게 식당을 차리고 들어온 외지인들이 많아서 동네가 옛 정취를 잃어가고 있는 것이다.

화정교회는 안산 최초의 교회다. 농촌이라는 지역 특성상 교회의 구성원이던 원주민들은 보수적이었다. 평소에 속을 감출 줄 모르는지라 보수적인 교인들에게 진보적인 설교를 많이 하기도 하였고 그런 것 때문에 가끔은 서로 불편하기도 하였다. 그러나 성도 한 사람 한 사람을 귀하게 여기려는 노력과, 바깥 활동보다는 교회 내부의 목회에 성실하게 임해 온 것이 그나마 교인들과 잘 지내올 수 있는 힘이 되었다.

세월호

    2014년 4월 16일의 세월호 참사는 나의 삶을 흔들어놓은, 그 어떤 말로도 표현할 수 없는 충격과 아픔이었다. 우리 교회 예은이가 희생되었다. 그 아이의 희생 앞에서 아무것도 할 수 없다는 생각에 암담하였다. 그리고 잊고 있었던, 병사들의 억울한 죽음의 내막을 알면서도 아무것도 할 수 없어서 절망하고 괴로워하던 1982년의 어느 날이 생각났다. 뭔가를 해야 한다는 생각을 하였다. 집권자와 새누리당은 유족들을 핍박하고 진상조사를 방해하고, 많은 교회에서 개념 없는 설교가 행해지고 있었다. 모두 미쳐있었다. 집단 광신 같았다. 우는 자와 함께 울라는 성경 말씀이 무색할 정도로 세월호 유족들을 대하는 한국교회 전반의 태도는 개탄스럽다 못해 엽기적으로 느껴졌다. 집권층이 만들어 놓은 가짜뉴스에 갇힌 교회는 유족들의 슬픔을 용납하지 않았을 뿐 아니라 죄악시하기까지 하였다. 유족들이 정부에게 책임을 묻는 것을 정치화되었다며 비난하였다. 교회가 교회이기를 포기한 모습이었다. 화정교회 교인들 가운데도 그런 영향을 받은 이들이 좀 있었던 것 같다. 어느 날, 교회 장로님들이 찾아와 "강단에서 세월호 얘기 그만해 달라. ……세월호 얘기 자꾸 하시면 불편하다"고 하였다. 순간 화가 나서 좀 심한 말을 하였다. 물론 교회를 염려하는 충정에서 어렵게 말문을 연 것은 알지만 우리교회의 순진한 장로님들이 당시 널리 번져있던 가짜뉴스의 영향을 받았겠거니 생각하니 화가 났던 것이다. "예수님도 어려움에 처한 자들 곁에 서시지 않았느냐, 사도 바울은 우는 자들과 함께 울라고 하지 않았느냐"는 등 성경에 관한 말씀과 나의 생각 등을 이야기 하였다. 내가 좀 격앙된 채로 말을 하였으니 장로님들의 표정도 좋지 않았다. 그러나 그 일이 오히려 전화위복이 되어 장로님들도 담임목사의 진심을 알고 세월호 활동에 협력하게 되었다. 목사의 말을 듣고 생각을 바꿔 준 장로님들께 감사한 마음이다. 그 후부터 세월호 때문에 교회에서 실망한 젊은 가나안 교인들이 찾아오기 시작하였다. 세월호 얘기하면 교인들이 싫어할까봐, 교인들이 떠날까봐 침묵하는 교회도 있다고 하는데, 강단에서 세월호 얘기를 하고 세월호 유족들 곁에 서려고 하였던 화정교회는 오히려 이미 교회를 떠나 방황하던 가나안교인들이 찾아와 부흥하는 교회가 되었다.

  교인들이 찾아와 항의하는 것 때문에 내가 눈치를 보았거나 그들의 말에 그대로 따랐다고 하면 화정교회 역시 세월호의 아픔에 소금을 뿌리는 많은 교회 중의 하나가 되어버렸을는지 모른다. 세월호를 향한 담임목사의 뜻을 이해하고 지금까지 함께해온 화정교회 성도들에게 감사하다. 참사 첫해 7월에는 세월호 유족들이 더운 여름을 건강하게 잘 지내기를 바라는 마음으로 그들을 교회 잔디밭으로 초청하여 작은 음악회를 열고 보양식을 대접하였다. 식사를 마치고 돌아가던 어느 엄마가 이렇게 묻더란다. "교회가 이렇게 좋은 일도 하는 곳이야?" 그 말을 전해 듣고 가슴이 아팠다. 어쩌다가 한국교회가 이 지경이 되었단 말인가?

지난 5년을 되돌아보니 세월호와 관련하여 많은 일을 하였다. 세월호 유족들이 모이는 집회에 교인들과 함께 참여하기도 하고 세월호 유족들에게 도움이 될 만한 일이면 무엇이든지 교인들과 함께 열심히 하였다. 매년 성탄절 전야에 화정교회가 아직까지 하고 있는 새벽송을 항상 세월호 안산분향소에 모여 있는 유가족들을 찾아가는 것으로 시작하곤 하였다. 참사 초기에는 개인적으로 세월호특조위 설치를 위한 서명운동을 하였다. 사람 모이는 곳이면 찾아가 서명을 받았다. 험한 말을 듣기도 하였지만 10,800명의 서명을 받아 전달하였다. 청운동에서 노숙하고 있던 유족 중 기독교인들을 위해 동료 목회자들과 함께 나무십자가를 깎아서 전달하기도 하였다. 2015년 1월 31일부터 교회를 떠나거나 교회에서 쫓겨나 안산분향소에서 방황하는 기독교인 유가족들을 위해 '찾아가는 예배'를 시작하였고 그 예배는 분향소가 폐쇄되는 주일까지 계속되었다. 지금은 매월 첫 주일 오후 5시에 생명안전공원 예정부지에서 드리는 예배로 이어지고 있다.

4년 동안 찾아와 예배를 주관하고 저녁 식사를 대접하기도 한 여러 교회와 목회자들의 협력은 유족들에게 큰 힘이 되었다. 참사 1년 후인 2015년 초여름에는 기독교대한감리회의 지원을 받아 분향소에서 유족들과 함께 '416희망목공방'을 시작하였다. 지난 4년 동안 교단이 다른 두 목사(예장통합의 안홍택 목사와 감리교의 박인환 목사)가 한 번도 의견이 충돌 하는 일 없이 목공소에서 사이좋게 봉사하고 있다.

세월호 참사는 이 사회의 모든 부조리와 부정, 그리고 타락의 결과물이다. 그런데 한국교회는 사회의 구조악과 탐욕스런 자들의 불의와 부정을 꾸짖지 않고 오히려 아픔 당한 자들을 외면하고 정죄하는 모습을 보여주었다. 이웃의 고통에 공감할 줄 모르고 그 곁에 서는 것조차 거절하는 한국교회의 모습과 처사에 국민들은 경악하였다. 잘못된 신앙관, 잘못된 사회관, 잘못된 교회론, 즉 신학의 부재가 그러한 모습으로 나타났다고 생각한다.

지난 30여 년간 한국 교계를 지배해 온 성장신학이라는 사이비 신학에 너무 심취한 나머지 교인 수와 교회의 크기가 목사들의 목표가 되었고 하나님 나라에는 관심이 없게 된 것이다. 신학이 부재하다 보니 교인들은 예수의 말씀에 순종하고 예수의 삶을 본받기보다는 세상적인 욕망에 천착하고, 소위 '영혼 구원'을 강조하면서 근본주의적인 이원론적 신앙에 젖게 되지 않았을까? 교회에 가면 친하다는 교인들이 위로한답시고 "아이가 천국 갔는데 왜 아직도 울어"라며 등짝을 찰싹찰싹 치는 것이 너무 견디기 힘들어서, 교회에 가지 않게 되었다는 어느 엄마의 이야기도 들었다. 교회와 목사들이 평범함을 잃어버린 것이다.

내가 세월호와 관련한 이러저러한 일에 참여하고 함께해 온 것을 특별한 일로 생각하는 사람들이 많은데 나는 결코 그렇게 생각하지 않는다. 사회의 불의에는 저항해야 하고 우는 자들과는 함께 울어야 하는 그리스도인으로서 해야 할 최소한의 일을 했을 뿐이다. 즉 스스로 목사로서의 기본에 충실히 하고자 했고 평범함과 본질을 잃어버리지 않으려 했다고 말할 수 있다. 아울러 세월호 유족들을 함부로 대하고, 세상을 향해 바른 메시지를 내지 않았던 한국교회, 즉 당연히 해야만 하는 기본적인 일을 하지 않은 한국교회 전반의 지급했던 모습과 죄에 대하여 용서를 비는 마음에서 나는 지금까지 세월호 유족들 곁을 떠나지 못하고 있다.

내가 그들 곁을 떠나지 못하는 이유가 또 하나 있다. 그것은 '기억'이라는 화두 때문이다. 사람은 너무 쉽게 잊으려고 한다. 특히 그것이 슬픈 일이거나 좋지 않은 일일 때는 더욱더 그러하다. 아프고 힘들었던 기억은 하고 싶지 않다. 그러나 기억하지 않으면 그 일이 없었던 듯이 되어버린다. 작은 파도도 없이 잔잔한, 밝은 아침바다에서, 그것도 구조할 수 있음에도 불구하고 구조하지 못하여 죽어간 304명의 세월호 희생자를 기억하는 것은 고통스러운 일이다. 그러나 그들을 잊어버린다면 세월호 참사의 원인 규명과 책임자 처벌은 이루어질 수 없을 뿐 아니라 보다 안전한 사회로의 도약은 불가능해진다. 아니 기억하지 않는 순간부터 세월호 참사는 없었던 일처럼 되어버리는 것이다.

세월호와 관련한 활동 중 가장 기억에 남을 일은 세월호 3주기에 '기억독서대'를 전시한 것이다. 2016년 6월, 박근혜 정부는 세월호특조위를 강제 해산시켰다. 그러지 않아도 하고 싶지 않은 진상규명인데, 세월호법을 통과한 날로부터 계산하여 1년 6개월이 되는 6월 말에 특조위를 무력화시킨 것이다. 특조위가 활동했던 1년 6개월 동안도 정부와 새누리당, 그리고 특조위원으로 참가한 새누리당 추천 위원들까지도 집요하게 진상규명을 방해하여 오던 터였다. 그들은 왜 그렇게 하였을까? 진실이 알려지는 것이 두려웠던 것이다. 국민들이 빨리 잊기를 바랐다. 국민들이 잊으면 된다고 생각하였다. 그래서 국민들의 마음에서 세월호를 지워버리려고 하였다. 그러나 그런다고 쉽게 잊는 것은 아니다. 세월호 가족들이 목숨 걸고 싸워 앞장서면서 광화문에 촛불이 등장하기 시작하고 1,700만 개의 촛불이 밝혀지자 그렇게 유가족들 마음을 아프게 하던 대통령은 탄핵되었다.

어느 세월호 엄마가 말한 대로 기억은 힘이다. 우리의 일그러진 삶을 바로 세울 수 있는 힘이고 세상의 잘못된 질서를 바로잡을 수 있는 힘이다. 세월호 특조위가 해산되는 것을 보고 두 가지를 생각하였다. 하나는, "악한 권력자들이 이렇게 빨리 지우려고 하는구나." 하는 생각이었다. 분노가 치밀었다. 또 하나는, "세월호 가족들의 마음이 또 얼마나 아플까" 하는 마음이었다. 슬펐다. 특조위 해산은 서둘러 지워버리려는 차원에서 벌이는 악한 권력자들의 칼부림이었다. 그들의 만용 앞에서 저항할 길이 보이지 않았고 힘도 없었다. 그래서 생각한 것이 '기억독서대' 제작이다. 말하자면 분노와 슬픔이 기억독서대 제작의 힘이 되었다. 그들은 지워버리려고 하지만 나는 잊지 말고 기억하자는 뜻으로 시작하였다. 사실, 오래전부터 기억 교실의 아이들 책상에 독서대 하나씩 만들어 놓아주면 좋겠다는 생각을 하였었다. 엄두를 내지 못하던 자에 '분노'와 '슬픔'이 독서대 제작을 할 수 있는 힘을 주었다고 할까.

독서대 하나하나에 304명의 이름을 일일이 새기기로 마음먹었다. 나 혼자 304개의 독서대를 만든다는 것은 쉽지 않은 일인 것을 알았다. 그러나 나 한 사람이 시간을 내고 공을 들인 결과로 단 몇 사람이라도 더 세월호를 기억하고 희생자 한 명 한 명을 기억할 수만 있다면 그것으로 족하다고 생각하였다. 그리고 나의 작은 헌신이 세월호 희생자 유족들에게 작은 위로라도 줄 수 있으면 좋겠다는 생각을 하였다. 2016년 7월부터 시작하여 2017년 4월에 마쳤으니 꼬박 10달 동안 만들었다.

산에 죽은 채 버려져 있던 밤나무, 가로수 역할을 하면서 공해에 찌들다가 죽은 느티나무 등 아무 쓸모 없이 보이던 나무들에 눈길을 주고 정성 들여 다듬으니 멋진 독서대들로 다시 살아났다. 지금 어떤 독서대에는 어린이의 동화책이 올려져 있을 것이고 어느 독서대에는 청소년의 교과서가 올려져 있을 것이고, 어느 독서대에는 어른들이 읽을 소설책이나 전문 서적이 올려져 있을 것이다. 그리고 목사님들이 가져가신 독서대들은 거의 모두 교회의 강단 위 성경책 받침대로 쓰이고 있다. 독서대를 소장하는 사람들이 그 독서대에 새겨진 아이의 이름을 잊지 말고 기억해 주기를 기대한다.

"역사를 잊은 민족에게는 미래가 없다."라는 말이 있다. 세월호의 아이들을 기억하지 않는다면 우리 후손들이 살아가야 하는 이 땅에서 좀 더 안전하고 평화로운 세상, 정의로운 세상을 열어갈 수 없다. 아이들을 기억하는 것이 새 세상을 열어가는 좋은 힘으로 작용한다는 것을 믿기에 나는 내 인생 가운데 10개월을 세월호 아이들을 위하여 기꺼이 헌신하였다.

내가 목사로서 그런대로 잘 살아올 수 있었던 것은 기억 때문이다. 과거의 나를 기억하고, 오늘의 나를 있게 해 주신 부모님의 고생과 어려울 때 도움을 주었던 이웃들, 그 좋은 사람들을 나에게 보내주신 하나님의 사랑, 심지어 때론 나를 아프게 하고 때론 나를 즐겁게 해 주었던 일들을 잊지 않고 기억해왔기 때문이다. 세월호 희생자들과 그들의 유족들을 기억하는 것은 이웃으로서의 마땅한 도리이고 그 기억이 선하고 새로운 역사를 만들어 갈 것이라는 믿음을 가지고 있다.

공감과 환대

세월호는 나 역시 잊고 있었던 '공감과 환대'라는 덕목의 소중함을 일깨워주었다.

앞서 언급했듯이 세월호 참사 후 세월호 유족들을 가장 아프게 했던 것은, 그들의 아픔을 마치 자기와는 아무 상관없는 듯이 치부해버리는 사람들의 태도가 아니었을까 생각한다. 더구나 예수를 믿는다는 그리스도인들 가운데서도 많은 이들이 이웃의 아픔에 아랑곳하지 않는 것을 옆에서 지켜보는 나 자신도 참으로 답답하고 절망스러웠다.

예수님이야말로 아파하는 자들과 함께 우시고 소외된 자, 병든 자들의 아픔, 더 나아가 죄인, 세리와 같이 당시 손가락질 받던 사람들 곁에까지 찾아가시고 그들의 아픔을 어루만져주신 분 아닌가?

그나마 불행 중 다행이었던 것은 세월호 유족들이 많은 사람들에게 조리돌림을 당하는 가운데서도 그들을 찾아가 곁에 서고 함께 울어준 이들이 있었다는 것이다. 지옥같이 되어버린 팽목항을 찾아가 봉사했던 자원봉사자들, 청운동, 광화문에서 쓰러진 채로 절망하고 있는 세월호 가족들 곁을 지켜준 성직자들과 시민들, 세월호특조위 설치를 위한 서명을 위해 힘써 준 시민들, 그리고 국회, 광화문, 청운동, 청와대 앞에서 피케팅으로 힘을 보태온 이들이야말로 이웃의 아픔에 공감할 줄 아는 참사람의 모습이었다.

어느 날, 한 후배 목사로부터 미국의 브루더호프공동체(종교개혁 당시 박해를 받았던 재세례파의 후예들) 얘기를 들었다. 그 얘기를 듣는 순간, 416희망목공소 엄마·아빠들을 그곳에 보내고 싶은 생각이 들었다. 그러나 이것저것 생각해보니 쉬운 일은 아니었다. 경비도 경비거니와 과연 브루더호프공동체에서 받아줄 것인가, 그리고 이왕 미국까지 간다면 세월호를 기억하며 마음 아파하는 교민들과 만남도 계획해야 할 것 같은데 그 곳에서 환영받을 것인가…, 그러다가 미연합감리교회의 김찬국 목사가 후러싱제일교회 김정호 목사를 소개하면서 일이 진행되기 시작하였고 2018년 5월, 416희망목공방 엄마·아빠 7명과 안홍택 목사와 나 9명은 10박11일의 미국여행을 하게 되었다. "비행기표만 끊어서 오시면 미국에서의 숙박 등 일체를 내가 알아서 하겠으니 편히 오라"는 말이 처음에는 믿기지 않았다. 미국교회는 한국교회보다 보수의 도가 더하다는 데 괜찮을까 하는 의구심도 들었다.

　미국에 도착하는 순간부터 나의 의심과 염려는 모두 쓸데없는 것이었다. 미국에서의 10일간의 모든 일정을 김정호 목사가 다 조직하여 주었을 뿐 아니라 교회 차를 내주고 모든 일정을 관리하여 주었다. 도착 첫날 '이민자 보호 교회'의 목사와 변호사들로부터 점심을 대접받을 때의 세월호 엄마·아빠들의 환한 모습이 지금도 눈에 생생하다. 뉴욕 체류 동안 세월호 엄마·아빠들 7명을 호스트해주신 후러싱제일교회 하영화 장로님 내외분의 친절과 배려, 뉴욕-보스턴-뉴욕-필라델피아-워싱톤-뉴욕으로 이어진 10일간 운전을 해주기 위해 위스컨신에서 뉴욕까지 비행기 타고 온 김찬국 목사 내외의 헌신은 참으로 거룩한 헌신이었다. 간담회가 열리던 곳 마다 세월호 엄마·아빠들의 이야기를 들으며 함께 울어주던 보스턴, 필라델피아, 워싱톤, 뉴욕의 세사모 (세월호를 기억하는 사람들의 모임)회원들의 아름다운 모습을 잊을 수 없다. 보스턴 간담회에 참여한 어느 후배 목사는 4시간 동안 차를 타고 와서 함께 예배드리고 간담회하고 다시 4시간을 달려가 잠 한숨 못 자고 장례식을 하였다고 한다. 보스턴의 안신영 목사는 세월호 참사 초기부터 희생자 304명의 이름을 적은 노란 리본을 교회 주차장에 걸어놓고 추모하고 있었다. 뉴욕으로 돌아오는 길에 잠깐 들러서 자기 아이의 이름이 적힌 리본을 찾는 엄마

·아빠들의 눈에서 감동의 눈물이 흘러내렸다. 찾아와서 식사나 커피를 대접한 분들, 시찬이 아빠가 응급실에 입원하여 있는 3일 동안 꼬박 자리를 지켜준 세사모 회원들…, 모두 이웃의 아픔에 공감하고 기꺼이 그 곁을 지켜준 고마운 이들이다.

브루더호프공동체 체험은 공동체의 일원인 박성훈 형제(청파교회 김기석 목사가 소개해 줬다.)의 도움으로 가능하였다.

브루더호프공동체에서는 2박3일이라는 짧은 시간 동안 머물렀지만, 세월호 엄마·아빠들에게는 매우 충격적이었고 크게 힐링 받는 시간이었다. 이틀째 되는 날, 브루더호프 형제들은 우리 일행이 세월호 유족이라는 것을 알고 나에게 "저 사람들의 아이들 이야기를 우리가 듣고 싶다. 괜찮겠냐"고 물어왔다. "Absolutely, yes!" 그날 밤, 저녁 식사 후 전 공동체가 모이는 예배 장소에 가 보니 벌써 액자에 넣은 일곱 아이들의 사진들이 원탁 위에 놓여 있었고 각 사진 아래마다 촛불을 한 개씩 켜놓고 있었다. 일곱 명 엄마·아빠들의 이야기를 듣는 그들의 모습이 예수님의 모습처럼 보였다. 예배가 끝나고도 사진 주위에 모여서 오랫동안 그 자리를 떠나지 못하던 그들의 모습은 한국에서는 보기 힘들었던 거룩한 모습이었다. 각자 집으로 돌아가는 길에 입구에서 인사를 나눴다. 내가 받은 인사는 이런 것이었다. "세월호 참사 얘기를 알고는 있었는데 남의 얘기로 알고 있었던 것 미안하다." "우리도 기억하고 진상규명을 위해 기도하겠다." "이 사람들을 우리에게 데려와 줘서 고맙다…." 다음 날 아침, 평소 말이 없는 민정이 아빠가 이렇게 말하였다. "목사님, 여기가 천국이네유." 지금 글을 쓰는 이 시간 미국에서의 10일의 여정이 세세히 기억나며 감동의 눈물이 흐른다. 민정이 아빠가 "목사님, 여기가 천국이네유"라고 한 것과 이 글을 쓰는 내 눈에서 눈물이 나는 것은 무엇 때문일까? 공감! 환대! 아파하는 세월호 유족들의 아픔을 공감하였던 그들의 환대 때문이다.

아, 그들은 아직 가지고 있고 우리는 헌신짝처럼 버린 것은 공감과 환대가 아닐까. 예수님이 보여주셨던 공감과 환대, 우리는 왜 거기서부터 멀어지려고 하는 것일까.

'416희망목공방'은 미국 여행을 마친 후 '416목공협동조합'이라는 이름으로 협동조합을 설립하였다. 같이 일하고 이익을 창출할 수 있는 근거를 마련한 것이다. 그동안 여러 가지 준비가 있긴 하였지만, 미국 여행 10일 동안 그곳에서 체험한 공감과 환대가 큰 힘으로 작용하였다고 확신한다.

미국 방문 마지막 밤, 10일 동안 함께 해주었던 김찬국 목사가 "내년에는 416합창단이 미국 순회공연을 할 수 있으면 좋겠다"는 말을 하였다. 그 일이 가능하다면 좋은 일이긴 하지만 30명이 넘는 인원이 함께 움직여야 하는 것이 쉬운 일이 아니라는 생각을 하였다. 더구나 지난 10일 동안 미국의 여러 목사들과 세사모에게 많은 폐를 끼쳤는데 그렇게 하자는 대답을 할 수 없었다.

그런데 생각하지 않은 데서 기적이 일어났다. 미국 방문 후 '당당뉴스'에 '세월호 엄마·아빠들과 함께한 11일 여행'을 14차례에 걸쳐 연재하였는데, 그것을 읽은 미주연회 은희곤 감독이 카톡 문자를 보내왔다. "귀한 일을 하셨습니다. 감동입니다. 그런데 뉴욕까지 왔다 가면서 저에게 알려주지 않으셔서 만나지도 못했네요." 그 문자를 받고 한 편으로는 미안했고 한 편으로는 옛날부터 명석하고 기획능력이 뛰어났던 은 감독에게 도움을 구하고 싶은 마음이 생겼다. 즉시 문자를 보내어 연락하지 못하여 미안하다고 하였다. 그리고 내가 416합창단 미주 순회공연을 생각하고 있는데, 감독된 기념으로 좀 도와줄 수 있겠느냐고 물었다. 사실 그때는 미연합감리교회의 어느 연회 감독에게 416 합창단을 초대해 줄 수 있겠냐고 의사 타진을 하였다가 정중히 거절당한 터라 마음을 접으려던 참이었다. 그러자 즉시 "예, 한 번 해보겠습니다. 제가 10월 총회 참석차 한국에 가니 그때 만나서 자세히 얘기하도록 하시죠."라는 답신이 왔다. 2018년 10월, 인천 계산중앙교회에서 열린 감리교 총회에서 은희곤 감독과 나, 그리고 은 감독이 호출한 미주 KMC의 정승호 목사(국제기아대책 미주한인본부), 캐나다 토론토지방 감리사 등 몇 명이 모여 416합창단 미주 공연을 돕기 위한 첫 대화모임을 가졌고 2019년 5월에 미주 공연이 현실화 되었다.

 2018년의 416희망목공방 엄마·아빠들의 미국 여행 때는 미연합감리교회(UMC) 목사들의 도움을 받았는데, 이번에는 기독교대한감리회 미주연회(KMC)의 은희곤 감독을 비롯한 여러 목사의 도움을 받았다. 11박12일을 총괄하고 인도한 사람은 정승호 목사다. 그리고 LA, 산호세, 뉴욕, 토론토 등지에서 여러 목사가 운전과 안내를 해주었다고 한다. 미국에서 카톡으로 보내온 사진 속의 목사들은 거의 모두 신학대학 후배들인데 내가 아는 얼굴은 거의 없었다. 자신들 목회만 해도 힘들 텐데도 416합창단을 위해 기꺼이 시간과 비용을 아끼지 않았다. 11박12일 동안 여러 도시를 다니느라고 빡빡하고 고된 일정이었지만 416합창단 단원들 역시 세월호 아픔에 공감하는 미국의 목사들과 교민들의 환대에 큰 감동을 받았다고 한다.

 두 번의 미국 여행을 후원해 준 연회와 교회들을 기록에 남기고 싶다. 416희망목공방 엄마·아빠들의 미국 여행을 위해서는 서울연회, 서울남연회, 중부연회, 경기연회, 중앙연회, 동부연회, 삼남연회, 벧엘교회, 부천광림교회, 내리교회, 경인교회, 화정교회, 내리교회 심영섭 집사, 안산지방여선교회연합 회장 이영화 장로가 후원하였고, 416합창단 미주 순회공연에는 경기연회, 경인교회, 기쁜교회, 평촌교회, 남리교회, 목양교회, 색동교회, 평택광림교회, 하나교회, 화정교회가 후원하였다. 후원금을 보내준 연회와 교회, 그리고 개인들은 단순히 돈을 보낸 것이 아니라 아픔 당한 자들에게 위로와 희망을 보낸 것이라고 믿는다. "너희 보물 있는 곳에는 너희 마음도 있으리라"(누가복음 12:34)는 예수님의 말씀처럼, 그들의 마음이 세월호 유족들의 아픔에 머물렀음을 알고 유족들은 큰 위로와 힘을 얻었을 것이다.

'예수는 누구인가'라는 질문을 받는다면 우리는 "예수님은 우리를 구원하시기 위해 이 세상에 오신 분"이라는 신앙고백적인 언어로 대답한다. 이러한 신앙고백을 부정한다면 그는 그리스도인이 아니다. 그런데 예수님이 가르치신 복음과 인류구원을 위해 사셨던 행적을 얘기할 때는 각자의 관심과 이념과 수준, 그리고 사는 환경에 따라 서로 다르게 평가하고 말할 수 있을 것이다.

예수님의 삶을 한마디로 표현하라고 한다면 나는 '공감과 환대의 삶'이라고 표현하고 싶다. 예수님이 가르치신 이웃사랑이라는 말씀을 '공감과 환대'라는 단어로 바꿔도 크게 달라지지 않으리라 생각한다. 예수님은 다른 사람들이 이해해주지 않고 받아주지 않던 소외계층의 아픔에 공감하시고 그들을 환대하셨다. 예수님의 그러한 공감과 환대는 곧 우리가 추구해야 할 가장 큰 덕목이 아닐까. 내가 세월호 가족들 곁을 지키려고 조금이라도 힘써 온 것은 예수님이 가르치시고 자신이 몸소 실천하신 '공감과 환대'를 조금이라도 흉내 내려는 것이었다.

Remembrance

에필로그

> "형제들아 너희는 각각 부르심을 받은 그대로
> 하나님과 함께 거하라."
> (고린도전서 7:24)

　지나온 날들을 기억하며 글로 옮기면서 더욱더 확신이 드는 것은, 나의 삶 전체가 하나님의 손에 붙잡힌 삶이라는 것이다. 어린 시절에는 가난 때문에 부모를 원망하고, 차별받는다는 생각에 세상을 분노하며 자랐다. 그러나 지금은 그것들마저도 나를 위한 하나님의 은총이었다고 생각한다. 천성적으로 사람 만나기를 좋아하고 놀기를 좋아하는 내가 만일 부잣집 아들로 태어나 자랐다면 어쩌면 돈이 많아 한량이 되었을지도 모른다. 자존심 강하고 겸손할 줄 모르는 내가 어쩌면 남에게 갑질이나 하면서 살았을지도 모른다. 그러나 나에게 주어졌던 악조건들이 오히려 나를 주님을 따르는 길에 서게 한 하나님의 은총이었음을 고백한다. 하나님은 내가 견딜만하고 이겨낼 만한 고통만 주셨다. 그리고 내가 좋은 부모에게서 태어나고 우애로운 형제들과 함께 성장할 수 있었던 것 또한 감사한 일이다. 내가 우리 어머니(김정옥 권사)의 아들로 태어나 자란 것이야말로 나에게 가장 큰 은총이었다. 주님만 의지하며 기도하면서 자녀들을 키우신 어머니는 내가 교회를 다니고 신학대학에 가고 목사가 될 수 있도록 이끌어 주셨다. 비록 교회는 다니시지 않고 돌아가셨지만, 이웃을 배려하며 선한 마음을 품고 사셨던 아버지는 천주교 신학자 칼 라너가 말한 '익명의 그리스도인'이었다고 생각한다.

1975년의 감리교신학대학 입학이 내가 새로운 세상을 보는 눈을 뜬 축복의 순간이었다면 1983년 아내(조상미)와의 만남과 결혼은 나의 제2의 인생의 가장 큰 축복이있다. 진빙에서 군목 3년차 생활을 하던 1983년 5월 어느 날, 신학대학 동기인 조항백 목사가 "내가 너와 잘 어울릴 수 있는 좋은 아가씨를 소개해 줄 테니 빨리 서울에 한 번 오라"고 하였다. 그 얘기를 듣고 며칠 후 서울에 와서 그 친구가 얘기한 '좋은 아가씨'를 만났고 4개월 후 결혼하였다.

나에게는 어렸을 때부터 결핍감을 느끼며 자라서인지 무엇이든지 움켜쥐려는 습성이 아직까지 있다. 그런데 아내는 자신도 어려운 청소년기를 지낸 경험이 있음에도 남에게 베풀기를 좋아한다. 그것은 아마 어렸을 때부터 보아 온 친정 부모님들의 삶의 모습을 그대로 닮은 때문이 아닌가 한다.

가진 것이라고는 맨몸뚱이 하나 밖에 없던 나와 결혼하여 나의 급한 성질을 다 받아주며 오늘까지 어려운 길을 함께 잘 걸어온 아내, 물질적으로 궁핍하고 유치원에도 다닐 수 없을 정도로 공부할 환경이 열악한 농촌에서 자랐음에도 불구하고 남부럽지 않게 열심히 공부 잘하고 건강하고 바르게 자라 준 딸(고은)과 아들(형우)은 내 목회의 최고의 동역자들이었다. 아이들은 나의 고지식함과 아내의 총명함을 유전으로 받은 것 같다. 아이들이 나의 강점이면서도 단점인 고지식한 면을 보일 때, 내 아이들은 나랑 다르게 좀 약게 살면 좋겠다는 생각을 할 때가 있다. 그러나 지나치게 약은 것보다는 좀 고지식한 것이 더 좋은 성품이 아닐까 하는 생각을 한다. 자기가 가지고 있는 재능으로 교회의 후배들을 위해 봉사하는 딸과 아들을 볼 때마다 하나님께서 모든 것을 합하여 나의 삶에 선을 이루어주신다는 마음이 들며 감사하곤 한다.

큰 교회 목회를 꿈꾸는 평범한, 아니 불순한 의도를 가지고 목회를 시작하였지만, 지금은 교회의 본질에 대해 생각하고, 고난당하는 땅의 사람들(암하아렛츠)을 조금은 생각할 줄 아는 목회를 할 수 있게 된 것은 아내의 영향이 크다. 군대에서 내 생각이 바뀐 것은 사실이지만 바뀐 생각대로 사는 것은 또 다른 문제다. 아내는 내 생각이 불순해지거나 약해질 때마다 때론 격려하기도 하고 때론 잔소리함으로써 나를 깨우쳐 주곤 하였고 그것 때문에 나는 좁은 길도 용기 있게 걸어올 수 있었다. 2014년 4월, 세월호 참사 앞에서, 아니 우리 교회 예은이의 희생 앞에서 어찌할 줄을 알지 못하고 망연자실하고 있는 나를 세월호 현장으로 등 떠민 사람은 아내였다. 자신은 그렇지 않지만, 아내의 개념 부족과 만류 때문에 세월호와 함께하지 못하는 목사들을 주변에서 몇 명 보았다. 그러나 나는 지난 6년 가까이 아내의 격려와 도움으로 세월호 곁을 떠나지 않을 수 있었으니 이 또한 감사한 일이다.

어느덧 은퇴를 준비해야 할 나이가 되었다. 너무 이른 나이에 목사가 되어 좌우분별 못하며 철부지처럼 살던 때가 있었다. 그러나 그때 군목 생활과 부목 생활을 거치면서 한국교회와 사회의 현실에 눈을 뜰 수 있는 기간이었다는 것을 생각하면 감사한 일이다.

화정교회에서의 목회 30년 동안 교회와 세상을 향한 생각에 큰 변화가 없었다. 천성적으로 보수적인 성품을 가지고 있지만, 목회적인 측면에서는 나름대로 진보적인 생각을 가지고 살아왔다. 나는 보수적인 사람을 좋아한다. 그리고 진보적인 사람도 좋아한다. 보수는 세상이 변하여도 지켜내야 할 가치는 지켜내려고 한다는 점에서 좋다. 진보는 세상을 변혁 시켜 함께 어울리는 상생과 평화를 추구한다는 점에서 좋다. 진정한 보수와 진정한 진보는 다 좋다. 그러나 문제는 가짜 보수와 가짜 진보다. 나는 스스로 진보 성향을 가지고 있으면서 동시에 보수 성향을 가지고 있다고 평가한다. 모든 생명은 귀하고, 더구나 인간의 생명은 예수님 말씀처럼 천하보다 귀하다고 믿는 보수주의자다. 그리고 그 귀한 생명이 함께 어울려 평화를 누리며 상생해야 한다는 믿음으로 사회의 현안에 참여하려고 노력하는 진보주의자이다.

한국 사회가 보수와 진보로 나뉘어 싸우고 있다고 말하는 사람이 많다. 그러나 나는 그 말이 일정 부분 틀렸다고 생각한다. 왜냐하면, 보수 혹은 진보라는 이름은 쓰고 있지만, 그 뒤에 감추어진 각자의 탐욕을 간과하는 말이기 때문이다. 그래서 나는 보수냐 진보냐 하는 것보다 그가 얼마나 진실하냐가 문제라고 생각한다. 기독교인이라면 하나님의 말씀에 얼마나 정직하게 응답하는가, 그가 얼마나 예수님의 말씀을 믿고 예수님의 행적을 본받아 살려고 하는가에 따라 평가되어야 한다고 믿는다. 아직도 시행착오를 많이 하면서 살고 있지만, 나의 서툴음과 거침에도 불구하고 변함없는 것은 나 자신이 목사로서, 아니 그리스도인으로서 예수님의 말씀에 정직하게 응답하고자 하는 마음이다.

한국교회가 급속히 쇠락하고 있다. 이것은 눈에 보이는 숫자와 크기의 문제 이전에 예수님의 말씀에 진실하게 응답하지 못하고 있는 영적인 문제라고 생각하면서 무엇보다 먼저 나 자신의 바로 섬을 위해 기도하고, 화정교회에서의 목회가 후배 목사들에게 작은 힌트라도 줄 수 있는 목회의 한 모델이 되도록 하는 것이 목회 후반기를 맞이한 나의 작은 꿈이다. 그리고 한국교회의 바로 섬을 위해 작은 힘이라도 보태고 싶다.

도스또예프스키가 한 말이 마음에 와 닿는다. "인생에 있어 어린 시절의 좋은 추억보다 더 강하고 건전한 것은 없으며… 그런 추억 중 단 하나라도 마음에 남는다면 그것이 악으로부터 구원할 것이며, 좋은 추억들을 많이 지닌 사람은 남은 인생이 안전할 것이다"(《까라마조프가의 형제들》에서)

지금까지 어린 시절 기억의 조각들로부터 시작하여 세월호 참사 이후의 기억까지를 단편적으로나마 기록하였다. 기억이 오늘의 나를 만들었고 기억은 또 보다 나은 내일을 위한 거름이라는 생각을 한다. 기억이 때로는 사람을 악하게 만들 수 있고 때로는 아름답게 만들 수도 있다. 지난날에 관한 나의 모든 기억이 앞으로 나의 삶을 더 하나님께 가까이 가게 하기를 기도한다.

■ 지은이 박인환 (朴仁渙)

제주 호근교회, 육군군목, 회천교회 개척, 필동교회 부목 등을 거쳐 현재 31년 째 꽃우물 마을에서 화정교회를 섬기고 있다. 감리교신학대학교와 동대학원을 졸업했다. 저서로는《때론 자전거를 메고 갈수도 있다》,《꽃우물에 따뜻한 교회가 있네》가 있고 역서로는《감리교 영성생활의 뿌리》가 있다.

나와예수 04
기억

지은이_ 박인환
펴낸이_ 최병천

펴낸날_ 2020년 4월 16일(초판1쇄)
　　　 2020년 5월 1일(초판2쇄)

펴낸곳_ 신앙과지성사
　　　 출판등록 제9-136(88. 1. 13)
　　　 주소 | 서울 서대문구 연희로 177 옥산빌딩 2층
　　　 전화 | 335-6579 · 323-9867 · 323-9866(F)
　　　 E-mail | miral87@hanmail.net
　　　 홈페이지 | http://www.miral.co.kr

ISBN 978-89-6907-227-6　04230
ISBN 978-89-6907-153-8　(세트)

값 13,000원